中華人民共和國憲法

中華人民共和國
香港特別行政區基本法

（第四版）

三聯書店（香港）有限公司

責任編輯　蘇健偉　李　斌

書籍設計　吳冠曼

書　　名　中華人民共和國憲法
　　　　　中華人民共和國香港特別行政區基本法（第四版）

出　　版　三聯書店（香港）有限公司
　　　　　香港北角英皇道 499 號北角工業大廈 20 樓
　　　　　Joint Publishing（H.K.）Co., Ltd.
　　　　　20/F., North Point Industrial Building,
　　　　　499 King's Road, North Point, Hong Kong

香港發行　香港聯合書刊物流有限公司
　　　　　香港新界荃灣德士古道 220-248 號 16 樓

印　　刷　美雅印刷製本有限公司
　　　　　香港九龍觀塘榮業街 6 號 4 樓 A 室

版　　次　2015 年 4 月香港第一版第一次印刷
　　　　　2017 年 12 月香港第二版第一次印刷
　　　　　2018 年 4 月香港第三版第一次印刷
　　　　　2021 年 4 月香港第四版第一次印刷
　　　　　2024 年 1 月香港第四版第二次印刷

規　　格　特 16 開（148×210 mm）144 面

國際書號　ISBN 978-962-04-4802-7

　　　　　© 2015, 2017, 2018, 2021 Joint Publishing（H.K.）Co., Ltd.
　　　　　Published & Printed in Hong Kong, China.

目 錄

出版說明 ·· 1

中華人民共和國憲法 ··· 5

序言 ··· 7

第一章　總　綱 ··· 12

第二章　公民的基本權利和義務 ······························· 24

第三章　國家機構 ·· 31

　　第一節　全國人民代表大會 ································· 31

　　第二節　中華人民共和國主席 ······························ 42

　　第三節　國務院 ·· 44

　　第四節　中央軍事委員會 ······································ 48

　　第五節　地方各級人民代表大會和地方各級人民政府 ··· 49

　　第六節　民族自治地方的自治機關 ························· 56

　　第七節　監察委員會 ·· 59

第八節　人民法院和人民檢察院 ⋯⋯⋯⋯⋯⋯ 60

第四章　國旗、國歌、國徽、首都 ⋯⋯⋯⋯⋯ 63

中華人民共和國香港特別行政區基本法 ⋯⋯⋯ 65

序言 ⋯⋯⋯⋯⋯⋯⋯⋯⋯⋯⋯⋯⋯⋯⋯⋯⋯⋯⋯ 65

第一章　總則 ⋯⋯⋯⋯⋯⋯⋯⋯⋯⋯⋯⋯⋯⋯⋯ 66

第二章　中央和香港特別行政區的關係 ⋯⋯⋯⋯ 69

第三章　居民的基本權利和義務 ⋯⋯⋯⋯⋯⋯⋯ 74

第四章　政治體制 ⋯⋯⋯⋯⋯⋯⋯⋯⋯⋯⋯⋯⋯ 79

　　第一節　行政長官 ⋯⋯⋯⋯⋯⋯⋯⋯⋯⋯⋯ 79

　　第二節　行政機關 ⋯⋯⋯⋯⋯⋯⋯⋯⋯⋯⋯ 85

　　第三節　立法機關 ⋯⋯⋯⋯⋯⋯⋯⋯⋯⋯⋯ 86

　　第四節　司法機關 ⋯⋯⋯⋯⋯⋯⋯⋯⋯⋯⋯ 91

　　第五節　區域組織 ⋯⋯⋯⋯⋯⋯⋯⋯⋯⋯⋯ 95

　　第六節　公務人員 ⋯⋯⋯⋯⋯⋯⋯⋯⋯⋯⋯ 96

第五章　經濟 ⋯⋯⋯⋯⋯⋯⋯⋯⋯⋯⋯⋯⋯⋯⋯ 98

　　第一節　財政、金融、貿易和工商業 ⋯⋯⋯ 98

　　第二節　土地契約 ⋯⋯⋯⋯⋯⋯⋯⋯⋯⋯⋯102

　　第三節　航運 ⋯⋯⋯⋯⋯⋯⋯⋯⋯⋯⋯⋯⋯103

第四節　民用航空 ································· 104

第六章　教育、科學、文化、體育、宗教、勞工和

社會服務 ································· 108

第七章　對外事務 ································· 112

第八章　本法的解釋和修改 ··················· 115

第九章　附則 ····································· 117

附件一　香港特別行政區行政長官的產生辦法 ········· 118

附件二　香港特別行政區立法會的產生辦法和

表決程序 ································· 126

附件三　在香港特別行政區實施的全國性法律 ········· 131

香港特別行政區區旗、區徽圖案 ················· 134

出版說明

　　中國憲法以法律的形式確認了中國各族人民奮鬥的成果，規定了國家的根本制度和根本任務，是國家的根本法，具有最高的法律效力。香港基本法就是根據中國憲法制定的，中國憲法和香港基本法共同構成了香港特別行政區的憲制基礎。

　　香港基本法的制定必須以憲法為根據。這是由憲法本身的地位所決定的。香港基本法是根據中國憲法按照香港的具體情況制定的，是符合憲法的。香港基本法在其序言第三段對其自身的制定依據是憲法作了明確規定："根據中華人民共和國憲法，全國人民代表大會特制定中華人民共和國香港特別行政區基本法，規定香港特別行政區實行的制度，以保障國家對香港的基本方針政策的實施。"

中國現行憲法是在 1982 年 12 月 4 日第五屆全國人民代表大會第五次會議上通過並頒佈的，其後經歷了 1988 年、1993 年、1999 年、2004 年、2018 年五次修正案修正。這就是說，中國憲法的正式生效文本，是由 1982 年 12 月 4 日通過的憲法原文和 1988 年、1993 年、1999 年、2004 年、2018 年五次憲法修正案構成的。中國現在通常的做法是將 1982 年憲法原文、歷次憲法修正案和根據憲法修正案修正的文本同時公佈。

為了方便讀者學習和使用，在本書第一版中，我們委託王禹教授對憲法修正案作了技術安排，不再收入 1982 年憲法原文和歷次修正案，而是在被修正過的憲法條文之後，註明是被哪一年哪一條修正案所修正過。分別標以 "修改" 或 "增加"。如果僅修正一句條文，則在句子後加哪一年哪一條修正案修正，再加句號。如果修正兩句或兩句以上的條文，則在句子的句號後，再加哪一年哪一條修正。

至於香港基本法，自實施以來，其附件一和附件二共經過兩次修改：全國人大常委會曾於 2010 年 8 月 28 日批准附件一修正案，並對附件二修正案予以備案；2021 年 3 月 30 日，全國人大常委會又根據全國人大的相關決定，對附件一和附件二進行修訂。由於後一次修訂比較全面，故本書將修訂後的附件一和附件二直接替換原有內容，但註明附件通過及每次修改的具體日期及會議。附件三所列的全國性法律由全國人大常委會在徵詢香港基本法委員會和香港特區政府的意見後作出增減，全國人大常委會曾於 1997 年 7 月 1 日、1998 年 11 月 4 日、2005 年 10 月 27 日、2017 年 11 月 4 日和 2020 年 6 月 30 日作出增減。本書將這些增減內容標示於附件三，並註明全國人大常委會作出增減決定的具體日期。

三聯書店（香港）有限公司

中華人民共和國憲法

1982 年 12 月 4 日第五屆全國人民代表大會第五次會議通過　1982 年 12 月 4 日全國人民代表大會公告公佈施行

根據 1988 年 4 月 12 日第七屆全國人民代表大會第一次會議通過的《中華人民共和國憲法修正案》、1993 年 3 月 29 日第八屆全國人民代表大會第一次會議通過的《中華人民共和國憲法修正案》、1999 年 3 月 15 日第九屆全國人民代表大會第二次會議通過的《中華人民共和國憲法修正案》、2004 年 3 月 14 日第十屆全國人民代表大會第二次會議通過的《中華人民共和國憲法修正案》和 2018 年 3 月 11 日第十三屆全国人民代表大会第一次会议通过的《中華人民共和國憲法修正案》修正

目錄

序言

第一章　總綱

第二章　公民的基本權利和義務

第三章　國家機構
　第一節　全國人民代表大會
　第二節　中華人民共和國主席
　第三節　國務院
　第四節　中央軍事委員會
　第五節　地方各級人民代表大會和地方各級人民政府
　第六節　民族自治地方的自治機關
　第七節　監察委員會
　第八節　人民法院和人民檢察院

第四章　國旗、國歌、國徽、首都

序言

中國是世界上歷史最悠久的國家之一。中國各族人民共同創造了光輝燦爛的文化，具有光榮的革命傳統。

一八四○年以後，封建的中國逐漸變成半殖民地、半封建的國家。中國人民為國家獨立、民族解放和民主自由進行了前仆後繼的英勇奮鬥。

二十世紀，中國發生了翻天覆地的偉大歷史變革。

一九一一年孫中山先生領導的辛亥革命，廢除了封建帝制，創立了中華民國。但是，中國人民反對帝國主義和封建主義的歷史任務還沒有完成。

一九四九年，以毛澤東主席為領袖的中國共產黨領導中國各族人民，在經歷了長期的艱難曲折的武裝鬥爭和其他形式的鬥爭以後，終於推翻了帝國主義、封建主義和官僚資本主義的統治，取得了新民主主義革命的偉大勝利，建立了中華人民共和國。從此，中國人民掌握了國家的權力，成為國家的主人。

中華人民共和國成立以後，我國社會逐步實現了由新民主主義到社會主義的過渡。生產資料私有制的社會主義改造已經完成，人剝削人的制度已經消滅，社會主義制度已經確立。工人階級領導的、以工農聯盟為基礎的人民民主專政，實質上即無產階級專政，得到鞏固和發展。中國人民和中國人民解放軍戰勝了帝國主義、霸權主義的侵略、破壞和武裝挑釁，維護了國家的獨立和安全，增強了國防。經濟建設取得了重大的成就，獨立的、比較完整的社會主義工業體系已經基本形成，農業生產顯著提高。教育、科學、文化等事業有了很大的發展，社會主義思想教育取得了明顯的成效。廣大人民的生活有了較大的改善。

中國新民主主義革命的勝利和社會主義事業的成就，是中國共產黨領導中國各族人民，在馬克思列寧主義、毛澤東思想的指引下，堅持真理，修正錯誤，戰勝許多艱難險阻而取得的。我國將長期處於社會主義初級階段。國家的根本任務是，沿着中國特色社會主義道路，集中力量進行社會主義現代化建設。中國各族人民將繼續在中國共產黨領導下，在馬克思列寧主義、毛澤東思想、鄧小平理論、"三個代表"重要思想、科學發展觀、習近平新時代中國特色社會主義思想指引下，堅持人民民主專政，堅持社會主義道路，堅持改革開放，不斷完善社會主義的各項制度，發展社會主義市場經濟，發展社會主義民主，健全社會主義法治，貫徹新發展理念，自力更生，艱苦奮鬥，逐步實現工業、農業、國防和科學技術的現代化，推動物質文明、政治文明、精神文明、社會文明、生態文明協調發展，把我國建設成為富強民主文明和諧美麗的社會主義現代化強國，實現中華民族偉大復興。

（1993 年修正案第 3 條、1999 年修正案第 12 條、2004 年修正案第 18 條、2018 年修正案第 32 條修改）

在我國，剝削階級作為階級已經消滅，但是階級鬥爭還將在一定範圍內長期存在。中國人民對敵視和破壞我國社會主義制度的國內外的敵對勢力和敵對分子，必須進行鬥爭。

台灣是中華人民共和國的神聖領土的一部分。完成統一祖國的大業是包括台灣同胞在內的全中國人民的神聖職責。

社會主義的建設事業必須依靠工人、農民和知識分子，團結一切可以團結的力量。在長期的革命、建設、改革過程中，已經結成由中國共產黨領導的，有各民主黨派和各人民團體參加的，包括全體社會主義勞動者、社會主義事業的建設者、擁護社會主義的愛國者、擁護祖國統一和致力於中華民族偉大復興的愛國者的廣泛的愛國統一戰線，這個統一戰線將繼續鞏固和發展（2004年修正案第19條、2018年修正案第33條修改）。中國人民政治協商會議是有廣泛代表性的統一戰線組織，過去發揮了重要的歷史作用，今後在國家政治生活、社會生活和對外友好活動中，在進行社會主義現代化建設、維護國家的統一和團結的鬥爭中，將進一步發揮它的重要作用。中國共產黨領導的多黨合作和政治協商制度將長期存在和發展（1993年修正案第4條增加）。

中華人民共和國是全國各族人民共同締造的統一的多民族國家。平等團結互助和諧的社會主義民族關係已經確立，並將繼續加強（2018 年修正案第 34 條修改）。在維護民族團結的鬥爭中，要反對大民族主義，主要是大漢族主義，也要反對地方民族主義。國家盡一切努力，促進全國各民族的共同繁榮。

中國革命、建設、改革的成就是同世界人民的支持分不開的。中國的前途是同世界的前途緊密地聯繫在一起的。中國堅持獨立自主的對外政策，堅持互相尊重主權和領土完整、互不侵犯、互不干涉內政、平等互利、和平共處的五項原則，堅持和平發展道路，堅持互利共贏開放戰略，發展同各國的外交關係和經濟、文化交流，推動構建人類命運共同體；堅持反對帝國主義、霸權主義、殖民主義，加強同世界各國人民的團結，支持被壓迫民族和發展中國家爭取和維護民族獨立、發展民族經濟的正義鬥爭，為維護世界和平和促進人類進步事業而努力。（2018 年修正案第 35 條修改）

本憲法以法律的形式確認了中國各族人民奮鬥的

成果，規定了國家的根本制度和根本任務，是國家的根本法，具有最高的法律效力。全國各族人民、一切國家機關和武裝力量、各政黨和各社會團體、各企業事業組織，都必須以憲法為根本的活動準則，並且負有維護憲法尊嚴、保證憲法實施的職責。

第一章　總綱

第一條　中華人民共和國是工人階級領導的、以工農聯盟為基礎的人民民主專政的社會主義國家。

社會主義制度是中華人民共和國的根本制度。中國共產黨領導是中國特色社會主義最本質的特徵（2018年修正案第 36 條增加）。禁止任何組織或者個人破壞社會主義制度。

第二條　中華人民共和國的一切權力屬於人民。

人民行使國家權力的機關是全國人民代表大會和

地方各級人民代表大會。

人民依照法律規定，通過各種途徑和形式，管理國家事務，管理經濟和文化事業，管理社會事務。

第三條 中華人民共和國的國家機構實行民主集中制的原則。

全國人民代表大會和地方各級人民代表大會都由民主選舉產生，對人民負責，受人民監督。

國家行政機關、監察機關、審判機關、檢察機關都由人民代表大會產生，對它負責，受它監督（2018 年修正案第 37 條修改）。

中央和地方的國家機構職權的劃分，遵循在中央的統一領導下，充分發揮地方的主動性、積極性的原則。

第四條 中華人民共和國各民族一律平等。國家保障各少數民族的合法的權利和利益，維護和發展各民族的平等團結互助和諧關係（2018 年修正案第 38 條修改）。禁止對任何民族的歧視和壓迫，禁止破壞民族團結和製造民族分裂的行為。

國家根據各少數民族的特點和需要，幫助各少數民族地區加速經濟和文化的發展。

　　各少數民族聚居的地方實行區域自治，設立自治機關，行使自治權。各民族自治地方都是中華人民共和國不可分離的部分。

　　各民族都有使用和發展自己的語言文字的自由，都有保持或者改革自己的風俗習慣的自由。

　　第五條　中華人民共和國實行依法治國，建設社會主義法治國家（1999 年修正案第 13 條增加）。

　　國家維護社會主義法制的統一和尊嚴。

　　一切法律、行政法規和地方性法規都不得同憲法相抵觸。

　　一切國家機關和武裝力量、各政黨和各社會團體、各企業事業組織都必須遵守憲法和法律。一切違反憲法和法律的行為，必須予以追究。

　　任何組織或者個人都不得有超越憲法和法律的特權。

　　第六條　中華人民共和國的社會主義經濟制度的

基礎是生產資料的社會主義公有制，即全民所有制和勞動群眾集體所有制。社會主義公有制消滅人剝削人的制度，實行各盡所能、按勞分配的原則。

國家在社會主義初級階段，堅持公有制為主體、多種所有制經濟共同發展的基本經濟制度，堅持按勞分配為主體、多種分配方式並存的分配制度。（1999年修正案第14條修改）

第七條　國有經濟，即社會主義全民所有制經濟，是國民經濟中的主導力量。國家保障國有經濟的鞏固和發展。（1993年修正案第5條修改）

第八條　農村集體經濟組織實行家庭承包經營為基礎、統分結合的雙層經營體制。農村中的生產、供銷、信用、消費等各種形式的合作經濟，是社會主義勞動群眾集體所有制經濟。參加農村集體經濟組織的勞動者，有權在法律規定的範圍內經營自留地、自留山、家庭副業和飼養自留畜。（1993年修正案第6條、1999年修正案第15條修改）

城鎮中的手工業、工業、建築業、運輸業、商業、服務業等行業的各種形式的合作經濟，都是社會主義勞動群眾集體所有制經濟。

國家保護城鄉集體經濟組織的合法的權利和利益，鼓勵、指導和幫助集體經濟的發展。

第九條 礦藏、水流、森林、山嶺、草原、荒地、灘塗等自然資源，都屬於國家所有，即全民所有；由法律規定屬於集體所有的森林和山嶺、草原、荒地、灘塗除外。

國家保障自然資源的合理利用，保護珍貴的動物和植物。禁止任何組織或者個人用任何手段侵佔或者破壞自然資源。

第十條 城市的土地屬於國家所有。

農村和城市郊區的土地，除由法律規定屬於國家所有的以外，屬於集體所有；宅基地和自留地、自留山，也屬於集體所有。

國家為了公共利益的需要，可以依照法律規定對土地實行徵收或者徵用並給予補償（2004年修正案第20條修改）。

任何組織或者個人不得侵佔、買賣或者以其他形式非法轉讓土地。土地的使用權可以依照法律的規定轉讓。（1988 年修正案第 2 條修改）

一切使用土地的組織和個人必須合理地利用土地。

第十一條　在法律規定範圍內的個體經濟、私營經濟等非公有制經濟，是社會主義市場經濟的重要組成部分。

國家保護個體經濟、私營經濟等非公有制經濟的合法的權利和利益。國家鼓勵、支持和引導非公有制經濟的發展，並對非公有制經濟依法實行監督和管理。（1988 年修正案第 1 條、1999 年修正案第 16 條、2004 年修正案第 21 條修改）

第十二條　社會主義的公共財產神聖不可侵犯。

國家保護社會主義的公共財產。禁止任何組織或者個人用任何手段侵佔或者破壞國家的和集體的財產。

第十三條　公民的合法的私有財產不受侵犯。

國家依照法律規定保護公民的私有財產權和繼承權。

國家為了公共利益的需要，可以依照法律規定對公民的私有財產實行徵收或者徵用並給予補償。（2004年修正案第 22 條修改）

第十四條　國家通過提高勞動者的積極性和技術水平，推廣先進的科學技術，完善經濟管理體制和企業經營管理制度，實行各種形式的社會主義責任制，改進勞動組織，以不斷提高勞動生產率和經濟效益，發展社會生產力。

國家厲行節約，反對浪費。

國家合理安排積累和消費，兼顧國家、集體和個人的利益，在發展生產的基礎上，逐步改善人民的物質生活和文化生活。

國家建立健全同經濟發展水平相適應的社會保障制度（2004 年修正案第 23 條增加）。

第十五條　國家實行社會主義市場經濟。

國家加強經濟立法，完善宏觀調控。

國家依法禁止任何組織或者個人擾亂社會經濟秩序。（1993 年修正案第 7 條修改）

第十六條 國有企業在法律規定的範圍內有權自主經營。

國有企業依照法律規定，通過職工代表大會和其他形式，實行民主管理。（1993年修正案第8條修改）

第十七條 集體經濟組織在遵守有關法律的前提下，有獨立進行經濟活動的自主權。

集體經濟組織實行民主管理，依照法律規定選舉和罷免管理人員，決定經營管理的重大問題。（1993年修正案第9條修改）

第十八條 中華人民共和國允許外國的企業和其他經濟組織或者個人依照中華人民共和國法律的規定在中國投資，同中國的企業或者其他經濟組織進行各種形式的經濟合作。

在中國境內的外國企業和其他外國經濟組織以及中外合資經營的企業，都必須遵守中華人民共和國的法律。它們的合法的權利和利益受中華人民共和國法律的保護。

第十九條 國家發展社會主義的教育事業，提高全國人民的科學文化水平。

國家舉辦各種學校，普及初等義務教育，發展中等教育、職業教育和高等教育，並且發展學前教育。

國家發展各種教育設施，掃除文盲，對工人、農民、國家工作人員和其他勞動者進行政治、文化、科學、技術、業務的教育，鼓勵自學成才。

國家鼓勵集體經濟組織、國家企業事業組織和其他社會力量依照法律規定舉辦各種教育事業。

國家推廣全國通用的普通話。

第二十條 國家發展自然科學和社會科學事業，普及科學和技術知識，獎勵科學研究成果和技術發明創造。

第二十一條 國家發展醫療衛生事業，發展現代醫藥和我國傳統醫藥，鼓勵和支持農村集體經濟組織、國家企業事業組織和街道組織舉辦各種醫療衛生設施，開展群眾性的衛生活動，保護人民健康。

國家發展體育事業，開展群眾性的體育活動，增強人民體質。

第二十二條　國家發展為人民服務、為社會主義服務的文學藝術事業、新聞廣播電視事業、出版發行事業、圖書館博物館文化館和其他文化事業，開展群眾性的文化活動。

國家保護名勝古跡、珍貴文物和其他重要歷史文化遺產。

第二十三條　國家培養為社會主義服務的各種專業人才，擴大知識分子的隊伍，創造條件，充分發揮他們在社會主義現代化建設中的作用。

第二十四條　國家通過普及理想教育、道德教育、文化教育、紀律和法制教育，通過在城鄉不同範圍的群眾中制定和執行各種守則、公約，加強社會主義精神文明的建設。

國家倡導社會主義核心價值觀，提倡愛祖國、愛人民、愛勞動、愛科學、愛社會主義的公德，在人民中進行愛國主義、集體主義和國際主義、共產主義的教育，進行辯證唯物主義和歷史唯物主義的教育，反對資本主義的、封建主義的和其他的腐朽思想（2018年修正案第 39 條修改）。

第二十五條　國家推行計劃生育，使人口的增長同經濟和社會發展計劃相適應。

第二十六條　國家保護和改善生活環境和生態環境，防治污染和其他公害。

國家組織和鼓勵植樹造林，保護林木。

第二十七條　一切國家機關實行精簡的原則，實行工作責任制，實行工作人員的培訓和考核制度，不斷提高工作質量和工作效率，反對官僚主義。

一切國家機關和國家工作人員必須依靠人民的支持，經常保持同人民的密切聯繫，傾聽人民的意見和建議，接受人民的監督，努力為人民服務。

國家工作人員就職時應當依照法律規定公開進行憲法宣誓（2018 年修正案第 40 條增加）。

第二十八條　國家維護社會秩序，鎮壓叛國和其他危害國家安全的犯罪活動，制裁危害社會治安、破壞社會主義經濟和其他犯罪的活動，懲辦和改造犯罪分子（1999 年修正案第 17 條修改）。

第二十九條　中華人民共和國的武裝力量屬於人民。它的任務是鞏固國防，抵抗侵略，保衛祖國，保衛人民的和平勞動，參加國家建設事業，努力為人民服務。

國家加強武裝力量的革命化、現代化、正規化的建設，增強國防力量。

第三十條　中華人民共和國的行政區域劃分如下：

（一）　全國分為省、自治區、直轄市；

（二）　省、自治區分為自治州、縣、自治縣、市；

（三）　縣、自治縣分為鄉、民族鄉、鎮。

直轄市和較大的市分為區、縣。自治州分為縣、自治縣、市。

自治區、自治州、自治縣都是民族自治地方。

第三十一條　國家在必要時得設立特別行政區。在特別行政區內實行的制度按照具體情況由全國人民代表大會以法律規定。

第三十二條　中華人民共和國保護在中國境內的外國人的合法權利和利益，在中國境內的外國人必須遵守中華人民共和國的法律。

中華人民共和國對於因為政治原因要求避難的外國人，可以給予受庇護的權利。

第二章　公民的基本權利和義務

第三十三條　凡具有中華人民共和國國籍的人都是中華人民共和國公民。

中華人民共和國公民在法律面前一律平等。

國家尊重和保障人權（2004 年修正案第 24 條增加）。

任何公民享有憲法和法律規定的權利，同時必須履行憲法和法律規定的義務。

第三十四條　中華人民共和國年滿十八周歲的公民，不分民族、種族、性別、職業、家庭出身、宗教信仰、教育程度、財產狀況、居住期限，都有選舉權和被選舉權；但是依照法律被剝奪政治權利的人除外。

第三十五條 中華人民共和國公民有言論、出版、集會、結社、遊行、示威的自由。

第三十六條 中華人民共和國公民有宗教信仰自由。

任何國家機關、社會團體和個人不得強制公民信仰宗教或者不信仰宗教，不得歧視信仰宗教的公民和不信仰宗教的公民。

國家保護正常的宗教活動。任何人不得利用宗教進行破壞社會秩序、損害公民身體健康、妨礙國家教育制度的活動。

宗教團體和宗教事務不受外國勢力的支配。

第三十七條 中華人民共和國公民的人身自由不受侵犯。

任何公民，非經人民檢察院批准或者決定或者人民法院決定，並由公安機關執行，不受逮捕。

禁止非法拘禁和以其他方法非法剝奪或者限制公民的人身自由，禁止非法搜查公民的身體。

第三十八條 中華人民共和國公民的人格尊嚴不

受侵犯。禁止用任何方法對公民進行侮辱、誹謗和誣告陷害。

第三十九條 中華人民共和國公民的住宅不受侵犯。禁止非法搜查或者非法侵入公民的住宅。

第四十條 中華人民共和國公民的通信自由和通信秘密受法律的保護。除因國家安全或者追查刑事犯罪的需要，由公安機關或者檢察機關依照法律規定的程序對通信進行檢查外，任何組織或者個人不得以任何理由侵犯公民的通信自由和通信秘密。

第四十一條 中華人民共和國公民對於任何國家機關和國家工作人員，有提出批評和建議的權利；對於任何國家機關和國家工作人員的違法失職行為，有向有關國家機關提出申訴、控告或者檢舉的權利，但是不得捏造或者歪曲事實進行誣告陷害。

對於公民的申訴、控告或者檢舉，有關國家機關必須查清事實，負責處理。任何人不得壓制和打擊報復。

由於國家機關和國家工作人員侵犯公民權利而受

到損失的人，有依照法律規定取得賠償的權利。

第四十二條 中華人民共和國公民有勞動的權利和義務。

國家通過各種途徑，創造勞動就業條件，加強勞動保護，改善勞動條件，並在發展生產的基礎上，提高勞動報酬和福利待遇。

勞動是一切有勞動能力的公民的光榮職責。國有企業和城鄉集體經濟組織的勞動者都應當以國家主人翁的態度對待自己的勞動。國家提倡社會主義勞動競賽，獎勵勞動模範和先進工作者。國家提倡公民從事義務勞動。（1993 年修正案第 10 條修改）

國家對就業前的公民進行必要的勞動就業訓練。

第四十三條 中華人民共和國勞動者有休息的權利。

國家發展勞動者休息和休養的設施，規定職工的工作時間和休假制度。

第四十四條 國家依照法律規定實行企業事業組織的職工和國家機關工作人員的退休制度。退休人員的生活受到國家和社會的保障。

第四十五條　中華人民共和國公民在年老、疾病或者喪失勞動能力的情況下，有從國家和社會獲得物質幫助的權利。國家發展為公民享受這些權利所需要的社會保險、社會救濟和醫療衛生事業。

國家和社會保障殘廢軍人的生活，撫恤烈士家屬，優待軍人家屬。

國家和社會幫助安排盲、聾、啞和其他有殘疾的公民的勞動、生活和教育。

第四十六條　中華人民共和國公民有受教育的權利和義務。

國家培養青年、少年、兒童在品德、智力、體質等方面全面發展。

第四十七條　中華人民共和國公民有進行科學研究、文學藝術創作和其他文化活動的自由。國家對於從事教育、科學、技術、文學、藝術和其他文化事業的公民的有益於人民的創造性工作，給以鼓勵和幫助。

第四十八條　中華人民共和國婦女在政治的、經濟的、文化的、社會的和家庭的生活等各方面享有同男子平等的權利。

國家保護婦女的權利和利益，實行男女同工同酬，培養和選拔婦女幹部。

第四十九條 婚姻、家庭、母親和兒童受國家的保護。

夫妻雙方有實行計劃生育的義務。

父母有撫養教育未成年子女的義務，成年子女有贍養扶助父母的義務。

禁止破壞婚姻自由，禁止虐待老人、婦女和兒童。

第五十條 中華人民共和國保護華僑的正當的權利和利益，保護歸僑和僑眷的合法的權利和利益。

第五十一條 中華人民共和國公民在行使自由和權利的時候，不得損害國家的、社會的、集體的利益和其他公民的合法的自由和權利。

第五十二條 中華人民共和國公民有維護國家統一和全國各民族團結的義務。

第五十三條 中華人民共和國公民必須遵守憲法

和法律，保守國家秘密，愛護公共財產，遵守勞動紀律，遵守公共秩序，尊重社會公德。

第五十四條　中華人民共和國公民有維護祖國的安全、榮譽和利益的義務，不得有危害祖國的安全、榮譽和利益的行為。

第五十五條　保衛祖國、抵抗侵略是中華人民共和國每一個公民的神聖職責。

依照法律服兵役和參加民兵組織是中華人民共和國公民的光榮義務。

第五十六條　中華人民共和國公民有依照法律納稅的義務。

第三章　國家機構

第一節　全國人民代表大會

第五十七條　中華人民共和國全國人民代表大會是最高國家權力機關。它的常設機關是全國人民代表大會常務委員會。

第五十八條　全國人民代表大會和全國人民代表大會常務委員會行使國家立法權。

第五十九條　全國人民代表大會由省、自治區、直轄市、特別行政區和軍隊選出的代表組成。各少數民族都應當有適當名額的代表。（2004 年修正案第 25 條修改）

全國人民代表大會代表的選舉由全國人民代表大會常務委員會主持。

全國人民代表大會代表名額和代表產生辦法由法律規定。

第六十條　全國人民代表大會每屆任期五年。

全國人民代表大會任期屆滿的兩個月以前，全國人民代表大會常務委員會必須完成下屆全國人民代表大會代表的選舉。如果遇到不能進行選舉的非常情況，由全國人民代表大會常務委員會以全體組成人員的三分之二以上的多數通過，可以推遲選舉，延長本屆全國人民代表大會的任期。在非常情況結束後一年內，必須完成下屆全國人民代表大會代表的選舉。

第六十一條　全國人民代表大會會議每年舉行一次，由全國人民代表大會常務委員會召集。如果全國人民代表大會常務委員會認為必要，或者有五分之一以上的全國人民代表大會代表提議，可以臨時召集全國人民代表大會會議。

全國人民代表大會舉行會議的時候，選舉主席團主持會議。

第六十二條　全國人民代表大會行使下列職權：

（一）修改憲法；

（二）監督憲法的實施；

（三）制定和修改刑事、民事、國家機構的和其他的基本法律；

（四）選舉中華人民共和國主席、副主席；

（五）根據中華人民共和國主席的提名，決定國務院總理的人選；根據國務院總理的提名，決定國務院副總理、國務委員、各部部長、各委員會主任、審計長、秘書長的人選；

（六）選舉中央軍事委員會主席；根據中央軍事委員會主席的提名，決定中央軍事委員會其他組成人員的人選；

（七）選舉國家監察委員會主任（2018 年修正案第 41 條增加）；

（八）選舉最高人民法院院長；

（九）選舉最高人民檢察院檢察長；

（十）審查和批准國民經濟和社會發展計劃和計劃執行情況的報告；

（十一）審查和批准國家的預算和預算執行情況的報告；

（十二）改變或者撤銷全國人民代表大會常務委員會不適當的決定；

（十三）批准省、自治區和直轄市的建置；

（十四）決定特別行政區的設立及其制度；

（十五）決定戰爭和和平的問題；

（十六）應當由最高國家權力機關行使的其他職權。

第六十三條 全國人民代表大會有權罷免下列人員：

（一）中華人民共和國主席、副主席；

（二）國務院總理、副總理、國務委員、各部部長、各委員會主任、審計長、秘書長；

（三）中央軍事委員會主席和中央軍事委員會其他組成人員；

（四）國家監察委員會主任（2018 年修正案第 42 條增加）；

（五）最高人民法院院長；

（六）最高人民檢察院檢察長。

第六十四條 憲法的修改，由全國人民代表大會常務委員會或者五分之一以上的全國人民代表大會代表提議，並由全國人民代表大會以全體代表的三分之二以上的多數通過。

法律和其他議案由全國人民代表大會以全體代表的過半數通過。

第六十五條 全國人民代表大會常務委員會由下列人員組成：

委員長，

副委員長若干人，

秘書長，

委員若干人。

全國人民代表大會常務委員會組成人員中，應當有適當名額的少數民族代表。

全國人民代表大會選舉並有權罷免全國人民代表大會常務委員會的組成人員。

全國人民代表大會常務委員會的組成人員不得擔任國家行政機關、監察機關、審判機關和檢察機關的職務（2018年修正案第43條修改）。

第六十六條 全國人民代表大會常務委員會每屆任期同全國人民代表大會每屆任期相同，它行使職權到下屆全國人民代表大會選出新的常務委員會為止。

委員長、副委員長連續任職不得超過兩屆。

第六十七條 全國人民代表大會常務委員會行使下列職權：

（一）解釋憲法，監督憲法的實施；

（二）制定和修改除應當由全國人民代表大會制定的法律以外的其他法律；

（三）在全國人民代表大會閉會期間，對全國人民代表大會制定的法律進行部分補充和修改，但是不得同該法律的基本原則相抵觸；

（四）解釋法律；

（五）在全國人民代表大會閉會期間，審查和批准國民經濟和社會發展計劃、國家預算在執行過程中所必須作的部分調整方案；

（六）監督國務院、中央軍事委員會、國家監察委

員會、最高人民法院和最高人民檢察院的工作（2018 年
修正案第 44 條修改）；

（七）撤銷國務院制定的同憲法、法律相抵觸的行
政法規、決定和命令；

（八）撤銷省、自治區、直轄市國家權力機關制
定的同憲法、法律和行政法規相抵觸的地方性法規和
決議；

（九）在全國人民代表大會閉會期間，根據國務院
總理的提名，決定部長、委員會主任、審計長、秘書
長的人選；

（十）在全國人民代表大會閉會期間，根據中央軍
事委員會主席的提名，決定中央軍事委員會其他組成
人員的人選；

（十一）根據國家監察委員會主任的提請，任免國
家監察委員會副主任、委員（2018 年修正案第 44 條增加）；

（十二）根據最高人民法院院長的提請，任免最高
人民法院副院長、審判員、審判委員會委員和軍事法
院院長；

（十三）根據最高人民檢察院檢察長的提請，任免最高人民檢察院副檢察長、檢察員、檢察委員會委員和軍事檢察院檢察長，並且批准省、自治區、直轄市的人民檢察院檢察長的任免；

（十四）決定駐外全權代表的任免；

（十五）決定同外國締結的條約和重要協定的批准和廢除；

（十六）規定軍人和外交人員的銜級制度和其他專門銜級制度；

（十七）規定和決定授予國家的勳章和榮譽稱號；

（十八）決定特赦；

（十九）在全國人民代表大會閉會期間，如果遇到國家遭受武裝侵犯或者必須履行國際間共同防止侵略的條約的情況，決定戰爭狀態的宣佈；

（二十）決定全國總動員或者局部動員；

（二十一）決定全國或者個別省、自治區、直轄市進入緊急狀態（2004 年修正案第 26 條修改）；

（二十二）全國人民代表大會授予的其他職權。

第六十八條　全國人民代表大會常務委員會委員長主持全國人民代表大會常務委員會的工作，召集全國人民代表大會常務委員會會議。副委員長、秘書長協助委員長工作。

委員長、副委員長、秘書長組成委員長會議，處理全國人民代表大會常務委員會的重要日常工作。

第六十九條　全國人民代表大會常務委員會對全國人民代表大會負責並報告工作。

第七十條　全國人民代表大會設立民族委員會、憲法和法律委員會、財政經濟委員會、教育科學文化衛生委員會、外事委員會、華僑委員會和其他需要設立的專門委員會（2018 年修正案第 44 條修改）。在全國人民代表大會閉會期間，各專門委員會受全國人民代表大會常務委員會的領導。

各專門委員會在全國人民代表大會和全國人民代表大會常務委員會領導下，研究、審議和擬訂有關議案。

第七十一條　全國人民代表大會和全國人民代表

大會常務委員會認為必要的時候，可以組織關於特定問題的調查委員會，並且根據調查委員會的報告，作出相應的決議。

調查委員會進行調查的時候，一切有關的國家機關、社會團體和公民都有義務向它提供必要的材料。

第七十二條　全國人民代表大會代表和全國人民代表大會常務委員會組成人員，有權依照法律規定的程序分別提出屬於全國人民代表大會和全國人民代表大會常務委員會職權範圍內的議案。

第七十三條　全國人民代表大會代表在全國人民代表大會開會期間，全國人民代表大會常務委員會組成人員在常務委員會開會期間，有權依照法律規定的程序提出對國務院或者國務院各部、各委員會的質詢案。受質詢的機關必須負責答覆。

第七十四條　全國人民代表大會代表，非經全國人民代表大會會議主席團許可，在全國人民代表大會閉會期間非經全國人民代表大會常務委員會許可，不受逮捕或者刑事審判。

第七十五條　全國人民代表大會代表在全國人民代表大會各種會議上的發言和表決，不受法律追究。

第七十六條　全國人民代表大會代表必須模範地遵守憲法和法律，保守國家秘密，並且在自己參加的生產、工作和社會活動中，協助憲法和法律的實施。

全國人民代表大會代表應當同原選舉單位和人民保持密切的聯繫，聽取和反映人民的意見和要求，努力為人民服務。

第七十七條　全國人民代表大會代表受原選舉單位的監督。原選舉單位有權依照法律規定的程序罷免本單位選出的代表。

第七十八條　全國人民代表大會和全國人民代表大會常務委員會的組織和工作程序由法律規定。

第二節　中華人民共和國主席

第七十九條　中華人民共和國主席、副主席由全國人民代表大會選舉。

有選舉權和被選舉權的年滿四十五周歲的中華人民共和國公民可以被選為中華人民共和國主席、副主席。

中華人民共和國主席、副主席每屆任期同全國人民代表大會每屆任期相同（2018 年修正案第 45 條修改）。

第八十條　中華人民共和國主席根據全國人民代表大會的決定和全國人民代表大會常務委員會的決定，公佈法律，任免國務院總理、副總理、國務委員、各部部長、各委員會主任、審計長、秘書長，授予國家的勳章和榮譽稱號，發佈特赦令，宣佈進入緊急狀態，宣佈戰爭狀態，發佈動員令（2004 年修正案第 27 條修改）。

第八十一條　中華人民共和國主席代表中華人民

共和國，進行國事活動，接受外國使節；根據全國人民代表大會常務委員會的決定，派遣和召回駐外全權代表，批准和廢除同外國締結的條約和重要協定（2004年修正案第 28 條修改）。

第八十二條 中華人民共和國副主席協助主席工作。

中華人民共和國副主席受主席的委託，可以代行主席的部分職權。

第八十三條 中華人民共和國主席、副主席行使職權到下屆全國人民代表大會選出的主席、副主席就職為止。

第八十四條 中華人民共和國主席缺位的時候，由副主席繼任主席的職位。

中華人民共和國副主席缺位的時候，由全國人民代表大會補選。

中華人民共和國主席、副主席都缺位的時候，由全國人民代表大會補選；在補選以前，由全國人民代表大會常務委員會委員長暫時代理主席職位。

第三節　國務院

第八十五條　中華人民共和國國務院，即中央人民政府，是最高國家權力機關的執行機關，是最高國家行政機關。

第八十六條　國務院由下列人員組成：

總理，

副總理若干人，

國務委員若干人，

各部部長，

各委員會主任，

審計長，

秘書長。

國務院實行總理負責制。各部、各委員會實行部長、主任負責制。

國務院的組織由法律規定。

第八十七條　國務院每屆任期同全國人民代表大

會每屆任期相同。

總理、副總理、國務委員連續任職不得超過兩屆。

第八十八條 總理領導國務院的工作。副總理、國務委員協助總理工作。

總理、副總理、國務委員、秘書長組成國務院常務會議。

總理召集和主持國務院常務會議和國務院全體會議。

第八十九條 國務院行使下列職權：

（一）根據憲法和法律，規定行政措施，制定行政法規，發佈決定和命令；

（二）向全國人民代表大會或者全國人民代表大會常務委員會提出議案；

（三）規定各部和各委員會的任務和職責，統一領導各部和各委員會的工作，並且領導不屬於各部和各委員會的全國性的行政工作；

（四）統一領導全國地方各級國家行政機關的工作，規定中央和省、自治區、直轄市的國家行政機關的職權的具體劃分；

（五）編制和執行國民經濟和社會發展計劃和國家預算；

（六）領導和管理經濟工作和城鄉建設、生態文明建設（2018年修正案第46條修改）；

（七）領導和管理教育、科學、文化、衛生、體育和計劃生育工作；

（八）領導和管理民政、公安、司法行政等工作（2018年修正案第46條修改）；

（九）管理對外事務，同外國締結條約和協定；

（十）領導和管理國防建設事業；

（十一）領導和管理民族事務，保障少數民族的平等權利和民族自治地方的自治權利；

（十二）保護華僑的正當的權利和利益，保護歸僑和僑眷的合法的權利和利益；

（十三）改變或者撤銷各部、各委員會發佈的不適當的命令、指示和規章；

（十四）改變或者撤銷地方各級國家行政機關的不

適當的決定和命令；

（十五）批准省、自治區、直轄市的區域劃分，批准自治州、縣、自治縣、市的建置和區域劃分；

（十六）依照法律規定決定省、自治區、直轄市的範圍內部分地區進入緊急狀態（2004 年修正案第 29 條修改）；

（十七）審定行政機構的編制，依照法律規定任免、培訓、考核和獎懲行政人員；

（十八）全國人民代表大會和全國人民代表大會常務委員會授予的其他職權。

第九十條 國務院各部部長、各委員會主任負責本部門的工作；召集和主持部務會議或者委員會會議、委務會議，討論決定本部門工作的重大問題。

各部、各委員會根據法律和國務院的行政法規、決定、命令，在本部門的權限內，發佈命令、指示和規章。

第九十一條 國務院設立審計機關，對國務院各部門和地方各級政府的財政收支，對國家的財政金融機構和企業事業組織的財務收支，進行審計監督。

審計機關在國務院總理領導下，依照法律規定獨立行使審計監督權，不受其他行政機關、社會團體和個人的干涉。

第九十二條　國務院對全國人民代表大會負責並報告工作；在全國人民代表大會閉會期間，對全國人民代表大會常務委員會負責並報告工作。

第四節　中央軍事委員會

第九十三條　中華人民共和國中央軍事委員會領導全國武裝力量。

中央軍事委員會由下列人員組成：

主席，

副主席若干人，

委員若干人。

中央軍事委員會實行主席負責制。

中央軍事委員會每屆任期同全國人民代表大會每屆任期相同。

第九十四條 中央軍事委員會主席對全國人民代表大會和全國人民代表大會常務委員會負責。

第五節 地方各級人民代表大會和地方各級人民政府

第九十五條 省、直轄市、縣、市、市轄區、鄉、民族鄉、鎮設立人民代表大會和人民政府。

地方各級人民代表大會和地方各級人民政府的組織由法律規定。

自治區、自治州、自治縣設立自治機關。自治機關的組織和工作根據憲法第三章第五節、第六節規定的基本原則由法律規定。

第九十六條　地方各級人民代表大會是地方國家權力機關。

縣級以上的地方各級人民代表大會設立常務委員會。

第九十七條　省、直轄市、設區的市的人民代表大會代表由下一級的人民代表大會選舉；縣、不設區的市、市轄區、鄉、民族鄉、鎮的人民代表大會代表由選民直接選舉。

地方各級人民代表大會代表名額和代表產生辦法由法律規定。

第九十八條　地方各級人民代表大會每屆任期五年（1993 年修正案第 11 條、2004 年修正案第 30 條修改）。

第九十九條　地方各級人民代表大會在本行政區域內，保證憲法、法律、行政法規的遵守和執行；依照法律規定的權限，通過和發佈決議，審查和決定地方的經濟建設、文化建設和公共事業建設的計劃。

縣級以上的地方各級人民代表大會審查和批准本行政區域內的國民經濟和社會發展計劃、預算以及它們的執行情況的報告；有權改變或者撤銷本級人民代表大會常務委員會不適當的決定。

民族鄉的人民代表大會可以依照法律規定的權限採取適合民族特點的具體措施。

第一百條　省、直轄市的人民代表大會和它們的常務委員會，在不同憲法、法律、行政法規相抵觸的前提下，可以制定地方性法規，報全國人民代表大會常務委員會備案。

設區的市的人民代表大會和它們的常務委員會，在不同憲法、法律、行政法規和本省、自治區的地方性法規相抵觸的前提下，可以依照法律規定制定地方性法規，報本省、自治區人民代表大會常務委員會批准後施行（2018年修正案第47條增加）。

第一百零一條　地方各級人民代表大會分別選舉並且有權罷免本級人民政府的省長和副省長、市長和副市長、縣長和副縣長、區長和副區長、鄉長和副鄉長、鎮長和副鎮長。

縣級以上的地方各級人民代表大會選舉並且有權

罷免本級監察委員會主任、本級人民法院院長和本級人民檢察院檢察長（2018 年修正案第 48 條修改）。選出或者罷免人民檢察院檢察長，須報上級人民檢察院檢察長提請該級人民代表大會常務委員會批准。

第一百零二條　省、直轄市、設區的市的人民代表大會代表受原選舉單位的監督；縣、不設區的市、市轄區、鄉、民族鄉、鎮的人民代表大會代表受選民的監督。

地方各級人民代表大會代表的選舉單位和選民有權依照法律規定的程序罷免由他們選出的代表。

第一百零三條　縣級以上的地方各級人民代表大會常務委員會由主任、副主任若干人和委員若干人組成，對本級人民代表大會負責並報告工作。

縣級以上的地方各級人民代表大會選舉並有權罷免本級人民代表大會常務委員會的組成人員。

縣級以上的地方各級人民代表大會常務委員會的組成人員不得擔任國家行政機關、監察機關、審判機關和檢察機關的職務（2018 年修正案第 49 條修改）。

第一百零四條　縣級以上的地方各級人民代表大會常務委員會討論、決定本行政區域內各方面工作的重大事項；監督本級人民政府、監察委員會、人民法院和人民檢察院的工作（2018年修正案第50條修改）；撤銷本級人民政府的不適當的決定和命令；撤銷下一級人民代表大會的不適當的決議；依照法律規定的權限決定國家機關工作人員的任免；在本級人民代表大會閉會期間，罷免和補選上一級人民代表大會的個別代表。

第一百零五條　地方各級人民政府是地方各級國家權力機關的執行機關，是地方各級國家行政機關。

地方各級人民政府實行省長、市長、縣長、區長、鄉長、鎮長負責制。

第一百零六條　地方各級人民政府每屆任期同本級人民代表大會每屆任期相同。

第一百零七條　縣級以上地方各級人民政府依照法律規定的權限，管理本行政區域內的經濟、教育、科學、文化、衛生、體育事業、城鄉建設事業和財政、民政、公安、民族事務、司法行政、計劃生育等行政工作，發佈決定和命令，任免、培訓、考核和獎懲行政工作人員（2018 年修正案第 51 條修改）。

鄉、民族鄉、鎮的人民政府執行本級人民代表大會的決議和上級國家行政機關的決定和命令，管理本行政區域內的行政工作。

省、直轄市的人民政府決定鄉、民族鄉、鎮的建置和區域劃分。

第一百零八條 縣級以上的地方各級人民政府領導所屬各工作部門和下級人民政府的工作，有權改變或者撤銷所屬各工作部門和下級人民政府的不適當的決定。

第一百零九條 縣級以上的地方各級人民政府設立審計機關。地方各級審計機關依照法律規定獨立行使審計監督權，對本級人民政府和上一級審計機關負責。

第一百一十條 地方各級人民政府對本級人民代表大會負責並報告工作。縣級以上的地方各級人民政府在本級人民代表大會閉會期間，對本級人民代表大會常務委員會負責並報告工作。

地方各級人民政府對上一級國家行政機關負責並報告工作。全國地方各級人民政府都是國務院統一領導下的國家行政機關，都服從國務院。

第一百一十一條 城市和農村按居民居住地區設立的居民委員會或者村民委員會是基層群眾性自治組織。居民委員會、村民委員會的主任、副主任和委員由居民選舉。居民委員會、村民委員會同基層政權的相互關係由法律規定。

居民委員會、村民委員會設人民調解、治安保衛、公共衛生等委員會，辦理本居住地區的公共事務和公益事業，調解民間糾紛，協助維護社會治安，並且向人民政府反映群眾的意見、要求和提出建議。

第六節　民族自治地方的自治機關

第一百一十二條　民族自治地方的自治機關是自治區、自治州、自治縣的人民代表大會和人民政府。

第一百一十三條　自治區、自治州、自治縣的人民代表大會中，除實行區域自治的民族的代表外，其他居住在本行政區域內的民族也應當有適當名額的代表。

自治區、自治州、自治縣的人民代表大會常務委員會中應當有實行區域自治的民族的公民擔任主任或者副主任。

第一百一十四條　自治區主席、自治州州長、自治縣縣長由實行區域自治的民族的公民擔任。

第一百一十五條　自治區、自治州、自治縣的自治機關行使憲法第三章第五節規定的地方國家機關的職權，同時依照憲法、民族區域自治法和其他法律規定的權限行使自治權，根據本地方實際情況貫徹執行國家的法律、政策。

第一百一十六條　民族自治地方的人民代表大會有權依照當地民族的政治、經濟和文化的特點，制定自治條例和單行條例。自治區的自治條例和單行條例，報全國人民代表大會常務委員會批准後生效。自治州、自治縣的自治條例和單行條例，報省或者自治區的人民代表大會常務委員會批准後生效，並報全國人民代表大會常務委員會備案。

第一百一十七條　民族自治地方的自治機關有管理地方財政的自治權。凡是依照國家財政體制屬於民族自治地方的財政收入，都應當由民族自治地方的自治機關自主地安排使用。

第一百一十八條　民族自治地方的自治機關在國家計劃的指導下，自主地安排和管理地方性的經濟建設事業。

國家在民族自治地方開發資源、建設企業的時候，應當照顧民族自治地方的利益。

第一百一十九條　民族自治地方的自治機關自

主地管理本地方的教育、科學、文化、衛生、體育事業，保護和整理民族的文化遺產，發展和繁榮民族文化。

第一百二十條 民族自治地方的自治機關依照國家的軍事制度和當地的實際需要，經國務院批准，可以組織本地方維護社會治安的公安部隊。

第一百二十一條 民族自治地方的自治機關在執行職務的時候，依照本民族自治地方自治條例的規定，使用當地通用的一種或者幾種語言文字。

第一百二十二條 國家從財政、物資、技術等方面幫助各少數民族加速發展經濟建設和文化建設事業。

國家幫助民族自治地方從當地民族中大量培養各級幹部、各種專業人才和技術工人。

第七節　監察委員會

（2018 年修正案第 52 條增加）

第一百二十三條　中華人民共和國各級監察委員會是國家的監察機關。

第一百二十四條　中華人民共和國設立國家監察委員會和地方各級監察委員會。

監察委員會由下列人員組成：

主任，

副主任若干人，

委員若干人。

監察委員會主任每屆任期同本級人民代表大會每屆任期相同。國家監察委員會主任連續任職不得超過兩屆。

監察委員會的組織和職權由法律規定。

第一百二十五條　中華人民共和國國家監察委員會是最高監察機關。

國家監察委員會領導地方各級監察委員會的工

作，上級監察委員會領導下級監察委員會的工作。

第一百二十六條　國家監察委員會對全國人民代表大會和全國人民代表大會常務委員會負責。地方各級監察委員會對產生它的國家權力機關和上一級監察委員會負責。

第一百二十七條　監察委員會依照法律規定獨立行使監察權，不受行政機關、社會團體和個人的干涉。

監察機關辦理職務違法和職務犯罪案件，應當與審判機關、檢察機關、執法部門互相配合，互相制約。

第八節　人民法院和人民檢察院

第一百二十八條　中華人民共和國人民法院是國家的審判機關。

第一百二十九條　中華人民共和國設立最高人民法院、地方各級人民法院和軍事法院等專門人民法院。

最高人民法院院長每屆任期同全國人民代表大會每屆任期相同，連續任職不得超過兩屆。

人民法院的組織由法律規定。

第一百三十條　人民法院審理案件，除法律規定的特別情況外，一律公開進行。被告人有權獲得辯護。

第一百三十一條　人民法院依照法律規定獨立行使審判權，不受行政機關、社會團體和個人的干涉。

第一百三十二條　最高人民法院是最高審判機關。

最高人民法院監督地方各級人民法院和專門人民法院的審判工作，上級人民法院監督下級人民法院的審判工作。

第一百三十三條　最高人民法院對全國人民代表大會和全國人民代表大會常務委員會負責。地方各級人民法院對產生它的國家權力機關負責。

第一百三十四條　中華人民共和國人民檢察院是國家的法律監督機關。

第一百三十五條　中華人民共和國設立最高人民檢察院、地方各級人民檢察院和軍事檢察院等專門人民檢察院。

最高人民檢察院檢察長每屆任期同全國人民代表大會每屆任期相同，連續任職不得超過兩屆。

人民檢察院的組織由法律規定。

第一百三十六條　人民檢察院依照法律規定獨立行使檢察權，不受行政機關、社會團體和個人的干涉。

第一百三十七條　最高人民檢察院是最高檢察機關。

最高人民檢察院領導地方各級人民檢察院和專門人民檢察院的工作，上級人民檢察院領導下級人民檢察院的工作。

第一百三十八條　最高人民檢察院對全國人民代表大會和全國人民代表大會常務委員會負責。地方各級人民檢察院對產生它的國家權力機關和上級人民檢察院負責。

第一百三十九條　各民族公民都有用本民族語言文字進行訴訟的權利。人民法院和人民檢察院對於不通曉當地通用的語言文字的訴訟參與人，應當為他們翻譯。

在少數民族聚居或者多民族共同居住的地區，應當用當地通用的語言進行審理；起訴書、判決書、佈告和其他文書應當根據實際需要使用當地通用的一種或者幾種文字。

第一百四十條 人民法院、人民檢察院和公安機關辦理刑事案件，應當分工負責，互相配合，互相制約，以保證準確有效地執行法律。

第四章　國旗、國歌、國徽、首都

第一百四十一條 中華人民共和國國旗是五星紅旗。

中華人民共和國國歌是《義勇軍進行曲》（2004 年修正案第 31 條增加）。

第一百四十二條 中華人民共和國國徽，中間是五星照耀下的天安門，周圍是穀穗和齒輪。

第一百四十三條 中華人民共和國首都是北京。

中華人民共和國
香港特別行政區基本法

(1990 年 4 月 4 日第七屆全國人民代表大會第三次會議通過)

序言

　　香港自古以來就是中國的領土,一八四〇年鴉片戰爭以後被英國佔領。一九八四年十二月十九日,中英兩國政府簽署了關於香港問題的聯合聲明,確認中華人民共和國政府於一九九七年七月一日恢復對香港行使主權,從而實現了長期以來中國人民收回香港的共同願望。

　　為了維護國家的統一和領土完整,保持香港的繁榮和穩定,並考慮到香港的歷史和現實情況,國家決定，在對香港恢復行使主權時，根據中華人民共和國憲法第三十一條的規定，設立香港特別行政區，並按照"一個國家，兩種制度"的方針，不在香港實行社會主義的制度和政策。國家對香港的基本方針政策，已由中國政府在中英聯合聲明中予以闡明。

根據中華人民共和國憲法，全國人民代表大會特制定中華人民共和國香港特別行政區基本法，規定香港特別行政區實行的制度，以保障國家對香港的基本方針政策的實施。

第一章　總則

第一條　香港特別行政區是中華人民共和國不可分離的部分。

第二條　全國人民代表大會授權香港特別行政區依照本法的規定實行高度自治，享有行政管理權、立法權、獨立的司法權和終審權。

第三條 香港特別行政區的行政機關和立法機關由香港永久性居民依照本法有關規定組成。

第四條 香港特別行政區依法保障香港特別行政區居民和其他人的權利和自由。

第五條 香港特別行政區不實行社會主義制度和政策，保持原有的資本主義制度和生活方式，五十年不變。

第六條 香港特別行政區依法保護私有財產權。

第七條 香港特別行政區境內的土地和自然資源屬於國家所有，由香港特別行政區政府負責管理、使用、開發、出租或批給個人、法人或團體使用或開發，其收入全歸香港特別行政區政府支配。

第八條 香港原有法律，即普通法、衡平法、條例、附屬立法和習慣法，除同本法相抵觸或經香港特別行政區的立法機關作出修改者外，予以保留。

第九條 香港特別行政區的行政機關、立法機關和司法機關，除使用中文外，還可使用英文，英文也是正式語文。

第十條 香港特別行政區除懸掛中華人民共和國國旗和國徽外，還可使用香港特別行政區區旗和區徽。

香港特別行政區的區旗是五星花蕊的紫荊花紅旗。

香港特別行政區的區徽，中間是五星花蕊的紫荊花，周圍寫有"中華人民共和國香港特別行政區"和英文"香港"。

第十一條 根據中華人民共和國憲法第三十一條，香港特別行政區的制度和政策，包括社會、經濟制度，有關保障居民的基本權利和自由的制度，行政管理、立法和司法方面的制度，以及有關政策，均以本法的規定為依據。

香港特別行政區立法機關制定的任何法律，均不得同本法相抵觸。

第二章　中央和香港特別行政區的關係

　　第十二條　香港特別行政區是中華人民共和國的一個享有高度自治權的地方行政區域，直轄於中央人民政府。

　　第十三條　中央人民政府負責管理與香港特別行政區有關的外交事務。

　　中華人民共和國外交部在香港設立機構處理外交事務。

　　中央人民政府授權香港特別行政區依照本法自行處理有關的對外事務。

　　第十四條　中央人民政府負責管理香港特別行政區的防務。

　　香港特別行政區政府負責維持香港特別行政區的社會治安。

　　中央人民政府派駐香港特別行政區負責防務的軍隊不干預香港特別行政區的地方事務。香港特別行政區政府在必要時，可向中央人民政府請求駐軍協助維持社會治安和救助災害。

駐軍人員除須遵守全國性的法律外，還須遵守香港特別行政區的法律。

駐軍費用由中央人民政府負擔。

第十五條 中央人民政府依照本法第四章的規定任命香港特別行政區行政長官和行政機關的主要官員。

第十六條 香港特別行政區享有行政管理權，依照本法的有關規定自行處理香港特別行政區的行政事務。

第十七條 香港特別行政區享有立法權。

香港特別行政區的立法機關制定的法律須報全國人民代表大會常務委員會備案。備案不影響該法律的生效。

全國人民代表大會常務委員會在徵詢其所屬的香港特別行政區基本法委員會後，如認為香港特別行政區立法機關制定的任何法律不符合本法關於中央管理的事務及中央和香港特別行政區的關係的條款，可將有關法律發回，但不作修改。經全國人民代表大會常務委員會發回的法律立即失效。該法律的失效，除香港特別行政區的法律另有規定外，無溯及力。

第十八條　在香港特別行政區實行的法律為本法以及本法第八條規定的香港原有法律和香港特別行政區立法機關制定的法律。

全國性法律除列於本法附件三者外，不在香港特別行政區實施。凡列於本法附件三之法律，由香港特別行政區在當地公佈或立法實施。

全國人民代表大會常務委員會在徵詢其所屬的香港特別行政區基本法委員會和香港特別行政區政府的意見後，可對列於本法附件三的法律作出增減，任何列入附件三的法律，限於有關國防、外交和其他按本法規定不屬於香港特別行政區自治範圍的法律。

全國人民代表大會常務委員會決定宣佈戰爭狀態或因香港特別行政區內發生香港特別行政區政府不能控制的危及國家統一或安全的動亂而決定香港特別行政區進入緊急狀態，中央人民政府可發佈命令將有關全國性法律在香港特別行政區實施。

第十九條 香港特別行政區享有獨立的司法權和終審權。

香港特別行政區法院除繼續保持香港原有法律制度和原則對法院審判權所作的限制外，對香港特別行政區所有的案件均有審判權。

香港特別行政區法院對國防、外交等國家行為無管轄權。香港特別行政區法院在審理案件中遇有涉及國防、外交等國家行為的事實問題，應取得行政長官就該等問題發出的證明文件，上述文件對法院有約束力。行政長官在發出證明文件前，須取得中央人民政府的證明書。

第二十條 香港特別行政區可享有全國人民代表大會和全國人民代表大會常務委員會及中央人民政府授予的其他權力。

第二十一條 香港特別行政區居民中的中國公民依法參與國家事務的管理。

根據全國人民代表大會確定的名額和代表產生辦

法，由香港特別行政區居民中的中國公民在香港選出香港特別行政區的全國人民代表大會代表，參加最高國家權力機關的工作。

第二十二條　中央人民政府所屬各部門、各省、自治區、直轄市均不得干預香港特別行政區根據本法自行管理的事務。

中央各部門、各省、自治區、直轄市如需在香港特別行政區設立機構，須徵得香港特別行政區政府同意並經中央人民政府批准。

中央各部門、各省、自治區、直轄市在香港特別行政區設立的一切機構及其人員均須遵守香港特別行政區的法律。

中國其他地區的人進入香港特別行政區須辦理批准手續，其中進入香港特別行政區定居的人數由中央人民政府主管部門徵求香港特別行政區政府的意見後確定。

香港特別行政區可在北京設立辦事機構。

第二十三條　香港特別行政區應自行立法禁止任

何叛國、分裂國家、煽動叛亂、顛覆中央人民政府及竊取國家機密的行為，禁止外國的政治性組織或團體在香港特別行政區進行政治活動，禁止香港特別行政區的政治性組織或團體與外國的政治性組織或團體建立聯繫。

第三章　居民的基本權利和義務

第二十四條　香港特別行政區居民，簡稱香港居民，包括永久性居民和非永久性居民。

香港特別行政區永久性居民為：

（一）在香港特別行政區成立以前或以後在香港出生的中國公民；

（二）在香港特別行政區成立以前或以後在香港通常居住連續七年以上的中國公民；

（三）第（一）、（二）兩項所列居民在香港以外所生的中國籍子女；

（四）在香港特別行政區成立以前或以後持有效旅行證件進入香港、在香港通常居住連續七年以上並以香港為永久居住地的非中國籍的人；

（五）在香港特別行政區成立以前或以後第（四）項所列居民在香港所生的未滿二十一周歲的子女；

（六）第（一）至（五）項所列居民以外在香港特別行政區成立以前只在香港有居留權的人。

以上居民在香港特別行政區享有居留權和有資格依照香港特別行政區法律取得載明其居留權的永久性居民身份證。

香港特別行政區非永久性居民為：有資格依照香港特別行政區法律取得香港居民身份證，但沒有居留權的人。

第二十五條 香港居民在法律面前一律平等。

第二十六條 香港特別行政區永久性居民依法享有選舉權和被選舉權。

第二十七條 香港居民享有言論、新聞、出版的自由，結社、集會、遊行、示威的自由，組織和參加工會、罷工的權利和自由。

第二十八條　香港居民的人身自由不受侵犯。

香港居民不受任意或非法逮捕、拘留、監禁。禁止任意或非法搜查居民的身體、剝奪或限制居民的人身自由。禁止對居民施行酷刑、任意或非法剝奪居民的生命。

第二十九條　香港居民的住宅和其他房屋不受侵犯。禁止任意或非法搜查、侵入居民的住宅和其他房屋。

第三十條　香港居民的通訊自由和通訊秘密受法律的保護。除因公共安全和追查刑事犯罪的需要，由有關機關依照法律程序對通訊進行檢查外，任何部門或個人不得以任何理由侵犯居民的通訊自由和通訊秘密。

第三十一條　香港居民有在香港特別行政區境內遷徙的自由，有移居其他國家和地區的自由。香港居民有旅行和出入境的自由。有效旅行證件的持有人，除非受到法律制止，可自由離開香港特別行政區，無需特別批准。

第三十二條 香港居民有信仰的自由。

香港居民有宗教信仰的自由，有公開傳教和舉行、參加宗教活動的自由。

第三十三條 香港居民有選擇職業的自由。

第三十四條 香港居民有進行學術研究、文學藝術創作和其他文化活動的自由。

第三十五條 香港居民有權得到秘密法律諮詢、向法院提起訴訟、選擇律師及時保護自己的合法權益或在法庭上為其代理和獲得司法補救。

香港居民有權對行政部門和行政人員的行為向法院提起訴訟。

第三十六條 香港居民有依法享受社會福利的權利。勞工的福利待遇和退休保障受法律保護。

第三十七條 香港居民的婚姻自由和自願生育的權利受法律保護。

第三十八條 香港居民享有香港特別行政區法律保障的其他權利和自由。

第三十九條　《公民權利和政治權利國際公約》、《經濟、社會與文化權利的國際公約》和國際勞工公約適用於香港的有關規定繼續有效，通過香港特別行政區的法律予以實施。

香港居民享有的權利和自由，除依法規定外不得限制，此種限制不得與本條第一款規定抵觸。

第四十條　"新界"原居民的合法傳統權益受香港特別行政區的保護。

第四十一條　在香港特別行政區境內的香港居民以外的其他人，依法享有本章規定的香港居民的權利和自由。

第四十二條　香港居民和在香港的其他人有遵守香港特別行政區實行的法律的義務。

第四章　政治體制

第一節　行政長官

第四十三條　香港特別行政區行政長官是香港特別行政區的首長，代表香港特別行政區。

香港特別行政區行政長官依照本法的規定對中央人民政府和香港特別行政區負責。

第四十四條　香港特別行政區行政長官由年滿四十周歲，在香港通常居住連續滿二十年並在外國無居留權的香港特別行政區永久性居民中的中國公民擔任。

第四十五條　香港特別行政區行政長官在當地通過選舉或協商產生，由中央人民政府任命。

行政長官的產生辦法根據香港特別行政區的實際情況和循序漸進的原則而規定，最終達至由一個有廣泛代表性的提名委員會按民主程序提名後普選產生的目標。

行政長官產生的具體辦法由附件一《香港特別行政區行政長官的產生辦法》規定。

第四十六條 香港特別行政區行政長官任期五年，可連任一次。

第四十七條 香港特別行政區行政長官必須廉潔奉公、盡忠職守。

行政長官就任時應向香港特別行政區終審法院首席法官申報財產，記錄在案。

第四十八條 香港特別行政區行政長官行使下列職權：

（一）領導香港特別行政區政府；

（二）負責執行本法和依照本法適用於香港特別行政區的其他法律；

（三）簽署立法會通過的法案，公佈法律；

簽署立法會通過的財政預算案，將財政預算、決算報中央人民政府備案；

（四）決定政府政策和發佈行政命令；

（五）提名並報請中央人民政府任命下列主要官員：各司司長、副司長，各局局長，廉政專員，審計署署長，警務處處長，入境事務處處長，海關關長；建議中央人民政府免除上述官員職務；

（六）依照法定程序任免各級法院法官；

（七）依照法定程序任免公職人員；

（八）執行中央人民政府就本法規定的有關事務發出的指令；

（九）代表香港特別行政區政府處理中央授權的對外事務和其他事務；

（十）批准向立法會提出有關財政收入或支出的動議；

（十一）根據安全和重大公共利益的考慮，決定政府官員或其他負責政府公務的人員是否向立法會或其屬下的委員會作證和提供證據；

（十二）赦免或減輕刑事罪犯的刑罰；

（十三）處理請願、申訴事項。

第四十九條　香港特別行政區行政長官如認為立法會通過的法案不符合香港特別行政區的整體利益，可在三個月內將法案發回立法會重議，立法會如以不少於全體議員三分之二多數再次通過原案，行政長官必須在一個月內簽署公佈或按本法第五十條的規定處理。

第五十條　香港特別行政區行政長官如拒絕簽署立法會再次通過的法案或立法會拒絕通過政府提出的財政預算案或其他重要法案，經協商仍不能取得一致意見，行政長官可解散立法會。

行政長官在解散立法會前，須徵詢行政會議的意見。行政長官在其一任任期內只能解散立法會一次。

第五十一條　香港特別行政區立法會如拒絕批准政府提出的財政預算案，行政長官可向立法會申請臨時撥款。如果由於立法會已被解散而不能批准撥款，行政長官可在選出新的立法會前的一段時期內，按上一財政年度的開支標準，批准臨時短期撥款。

第五十二條　香港特別行政區行政長官如有下列

情況之一者必須辭職：

（一）因嚴重疾病或其他原因無力履行職務；

（二）因兩次拒絕簽署立法會通過的法案而解散立法會，重選的立法會仍以全體議員三分之二多數通過所爭議的原案，而行政長官仍拒絕簽署；

（三）因立法會拒絕通過財政預算案或其他重要法案而解散立法會，重選的立法會繼續拒絕通過所爭議的原案。

第五十三條　香港特別行政區行政長官短期不能履行職務時，由政務司長、財政司長、律政司長依次臨時代理其職務。

行政長官缺位時，應在六個月內依本法第四十五條的規定產生新的行政長官。行政長官缺位期間的職務代理，依照上款規定辦理。

第五十四條　香港特別行政區行政會議是協助行政長官決策的機構。

第五十五條　香港特別行政區行政會議的成員由行政長官從行政機關的主要官員、立法會議員和社會人士中委任，其任免由行政長官決定。行政會議成員的任期應不超過委任他的行政長官的任期。

香港特別行政區行政會議成員由在外國無居留權的香港特別行政區永久性居民中的中國公民擔任。

行政長官認為必要時可邀請有關人士列席會議。

第五十六條 香港特別行政區行政會議由行政長官主持。

行政長官在作出重要決策、向立法會提交法案、制定附屬法規和解散立法會前，須徵詢行政會議的意見，但人事任免、紀律制裁和緊急情況下採取的措施除外。

行政長官如不採納行政會議多數成員的意見，應將具體理由記錄在案。

第五十七條 香港特別行政區設立廉政公署，獨立工作，對行政長官負責。

第五十八條 香港特別行政區設立審計署，獨立工作，對行政長官負責。

第二節　行政機關

第五十九條　香港特別行政區政府是香港特別行政區行政機關。

第六十條　香港特別行政區政府的首長是香港特別行政區行政長官。

香港特別行政區政府設政務司、財政司、律政司和各局、處、署。

第六十一條　香港特別行政區的主要官員由在香港通常居住連續滿十五年並在外國無居留權的香港特別行政區永久性居民中的中國公民擔任。

第六十二條　香港特別行政區政府行使下列職權：

（一）制定並執行政策；

（二）管理各項行政事務；

（三）辦理本法規定的中央人民政府授權的對外事務；

（四）編制並提出財政預算、決算；

（五）擬定並提出法案、議案、附屬法規；

（六）委派官員列席立法會並代表政府發言。

第六十三條　香港特別行政區律政司主管刑事檢察工作，不受任何干涉。

第六十四條　香港特別行政區政府必須遵守法律，對香港特別行政區立法會負責：執行立法會通過並已生效的法律；定期向立法會作施政報告；答覆立法會議員的質詢；徵稅和公共開支須經立法會批准。

第六十五條　原由行政機關設立諮詢組織的制度繼續保留。

第三節　立法機關

第六十六條　香港特別行政區立法會是香港特別行政區的立法機關。

第六十七條　香港特別行政區立法會由在外國無居留權的香港特別行政區永久性居民中的中國公民組成。但非中國籍的香港特別行政區永久性居民和在外國有居留權的香港特別行政區永久性居民也可以當選為香港特別行政區立法會議員，其所佔比例不得超過立法會全體議員的百分之二十。

第六十八條　香港特別行政區立法會由選舉產生。

立法會的產生辦法根據香港特別行政區的實際情況和循序漸進的原則而規定，最終達至全部議員由普選產生的目標。

立法會產生的具體辦法和法案、議案的表決程序由附件二《香港特別行政區立法會的產生辦法和表決程序》規定。

第六十九條　香港特別行政區立法會除第一屆任期為兩年外，每屆任期四年。

第七十條　香港特別行政區立法會如經行政長官依本法規定解散，須於三個月內依本法第六十八條的規定，重行選舉產生。

第七十一條　香港特別行政區立法會主席由立法會議員互選產生。

香港特別行政區立法會主席由年滿四十周歲，在香港通常居住連續滿二十年並在外國無居留權的香港特別行政區永久性居民中的中國公民擔任。

第七十二條　香港特別行政區立法會主席行使下列職權：

（一）主持會議；

（二）決定議程，政府提出的議案須優先列入議程；

（三）決定開會時間；

（四）在休會期間可召開特別會議；

（五）應行政長官的要求召開緊急會議；

（六）立法會議事規則所規定的其他職權。

第七十三條　香港特別行政區立法會行使下列職權：

（一）根據本法規定並依照法定程序制定、修改和廢除法律；

（二）根據政府的提案，審核、通過財政預算；

（三）批准稅收和公共開支；

（四）聽取行政長官的施政報告並進行辯論；

（五）對政府的工作提出質詢；

（六）就任何有關公共利益問題進行辯論；

（七）同意終審法院法官和高等法院首席法官的任免；

（八）接受香港居民申訴並作出處理；

（九）如立法會全體議員的四分之一聯合動議，指控行政長官有嚴重違法或瀆職行為而不辭職，經立法會通過進行調查，立法會可委託終審法院首席法官負責組成獨立的調查委員會，並擔任主席。調查委員會負責進行調查，並向立法會提出報告。如該調查委員會認為有足夠證據構成上述指控，立法會以全體議員三分之二多數通過，可提出彈劾案，報請中央人民政府決定；

（十）在行使上述各項職權時，如有需要，可傳召有關人士出席作證和提供證據。

第七十四條　香港特別行政區立法會議員根據本

法規定並依照法定程序提出法律草案，凡不涉及公共開支或政治體制或政府運作者，可由立法會議員個別或聯名提出。凡涉及政府政策者，在提出前必須得到行政長官的書面同意。

第七十五條　香港特別行政區立法會舉行會議的法定人數為不少於全體議員的二分之一。

立法會議事規則由立法會自行制定，但不得與本法相抵觸。

第七十六條　香港特別行政區立法會通過的法案，須經行政長官簽署、公佈，方能生效。

第七十七條　香港特別行政區立法會議員在立法會的會議上發言，不受法律追究。

第七十八條　香港特別行政區立法會議員出席會議時和赴會途中不受逮捕。

第七十九條　香港特別行政區立法會議員如有下列情況之一，由立法會主席宣告其喪失立法會議員的資格：

（一）因嚴重疾病或其他情況無力履行職務；

（二）　未得到立法會主席的同意，連續三個月不出席會議而無合理解釋者；

（三）　喪失或放棄香港特別行政區永久性居民的身份；

（四）　接受政府的委任而出任公務人員；

（五）　破產或經法庭裁定償還債務而不履行；

（六）　在香港特別行政區區內或區外被判犯有刑事罪行，判處監禁一個月以上，並經立法會出席會議的議員三分之二通過解除其職務；

（七）　行為不檢或違反誓言而經立法會出席會議的議員三分之二通過譴責。

第四節　司法機關

第八十條　香港特別行政區各級法院是香港特別行政區的司法機關，行使香港特別行政區的審判權。

第八十一條　香港特別行政區設立終審法院、高等法院、區域法院、裁判署法庭和其他專門法庭。高等法院設上訴法庭和原訟法庭。

原在香港實行的司法體制，除因設立香港特別行政區終審法院而產生變化外，予以保留。

第八十二條　香港特別行政區的終審權屬於香港特別行政區終審法院。終審法院可根據需要邀請其他普通法適用地區的法官參加審判。

第八十三條　香港特別行政區的各級法院的組織和職權由法律規定。

第八十四條　香港特別行政區法院依照本法第十八條所規定的適用於香港特別行政區的法律審判案件，其他普通法適用地區的司法判例可作參考。

第八十五條　香港特別行政區法院獨立進行審判，不受任何干涉，司法人員履行審判職責的行為不受法律追究。

第八十六條　原在香港實行的陪審制度的原則予以保留。

第八十七條　香港特別行政區的刑事訴訟和民事訴訟中保留原在香港適用的原則和當事人享有的權利。

任何人在被合法拘捕後，享有盡早接受司法機關公正審判的權利，未經司法機關判罪之前均假定無罪。

第八十八條　香港特別行政區法院的法官，根據當地法官和法律界及其他方面知名人士組成的獨立委員會推薦，由行政長官任命。

第八十九條　香港特別行政區法院的法官只有在無力履行職責或行為不檢的情況下，行政長官才可根據終審法院首席法官任命的不少於三名當地法官組成的審議庭的建議，予以免職。

香港特別行政區終審法院的首席法官只有在無力履行職責或行為不檢的情況下，行政長官才可任命不少於五名當地法官組成的審議庭進行審議，並可根據其建議，依照本法規定的程序，予以免職。

第九十條　香港特別行政區終審法院和高等法院的首席法官，應由在外國無居留權的香港特別行政區永久性居民中的中國公民擔任。

除本法第八十八條和第八十九條規定的程序外，香港特別行政區終審法院的法官和高等法院首席法官的任命或免職，還須由行政長官徵得立法會同意，並報全國人民代表大會常務委員會備案。

第九十一條 香港特別行政區法官以外的其他司法人員原有的任免制度繼續保持。

第九十二條 香港特別行政區的法官和其他司法人員，應根據其本人的司法和專業才能選用，並可從其他普通法適用地區聘用。

第九十三條 香港特別行政區成立前在香港任職的法官和其他司法人員均可留用，其年資予以保留，薪金、津貼、福利待遇和服務條件不低於原來的標準。

對退休或符合規定離職的法官和其他司法人員，包括香港特別行政區成立前已退休或離職者，不論其所屬國籍或居住地點，香港特別行政區政府按不低於原來的標準，向他們或其家屬支付應得的退休金、酬金、津貼和福利費。

第九十四條 香港特別行政區政府可參照原在香

港實行的辦法，作出有關當地和外來的律師在香港特別行政區工作和執業的規定。

第九十五條　香港特別行政區可與全國其他地區的司法機關通過協商依法進行司法方面的聯繫和相互提供協助。

第九十六條　在中央人民政府協助或授權下，香港特別行政區政府可與外國就司法互助關係作出適當安排。

第五節　區域組織

第九十七條　香港特別行政區可設立非政權性的區域組織，接受香港特別行政區政府就有關地區管理和其他事務的諮詢，或負責提供文化、康樂、環境衛生等服務。

第九十八條　區域組織的職權和組成方法由法律規定。

第六節　公務人員

第九十九條　在香港特別行政區政府各部門任職的公務人員必須是香港特別行政區永久性居民。本法第一百零一條對外籍公務人員另有規定者或法律規定某一職級以下者不在此限。

公務人員必須盡忠職守，對香港特別行政區政府負責。

第一百條　香港特別行政區成立前在香港政府各部門，包括警察部門任職的公務人員均可留用，其年資予以保留，薪金、津貼、福利待遇和服務條件不低於原來的標準。

第一百零一條　香港特別行政區政府可任用原香港公務人員中的或持有香港特別行政區永久性居民身份證的英籍和其他外籍人士擔任政府部門的各級公務人員，但下列各職級的官員必須由在外國無居留權的香港特別行政區永久性居民中的中國公民擔任：各司司長、副司長，各局局長，廉政專員，審計署署長，警務處處長，入境事務處處長，海關關長。

香港特別行政區政府還可聘請英籍和其他外籍人士擔任政府部門的顧問，必要時並可從香港特別行政區以外聘請合格人員擔任政府部門的專門和技術職務。上述外籍人士只能以個人身份受聘，對香港特別行政區政府負責。

第一百零二條　對退休或符合規定離職的公務人員，包括香港特別行政區成立前退休或符合規定離職的公務人員，不論其所屬國籍或居住地點，香港特別行政區政府按不低於原來的標準向他們或其家屬支付應得的退休金、酬金、津貼和福利費。

第一百零三條　公務人員應根據其本人的資格、經驗和才能予以任用和提升，香港原有關於公務人員的招聘、僱用、考核、紀律、培訓和管理的制度，包括負責公務人員的任用、薪金、服務條件的專門機構，除有關給予外籍人員特權待遇的規定外，予以保留。

第一百零四條　香港特別行政區行政長官、主要官員、行政會議成員、立法會議員、各級法院法官和其他司法人員在就職時必須依法宣誓擁護中華人民共和國香港特別行政區基本法，效忠中華人民共和國香港特別行政區。

第五章　經濟

第一節　財政、金融、貿易和工商業

第一百零五條　香港特別行政區依法保護私人和法人財產的取得、使用、處置和繼承的權利，以及依法徵用私人和法人財產時被徵用財產的所有人得到補償的權利。

徵用財產的補償應相當於該財產當時的實際價

值，可自由兌換，不得無故遲延支付。

企業所有權和外來投資均受法律保護。

第一百零六條 香港特別行政區保持財政獨立。

香港特別行政區的財政收入全部用於自身需要，不上繳中央人民政府。

中央人民政府不在香港特別行政區徵稅。

第一百零七條 香港特別行政區的財政預算以量入為出為原則，力求收支平衡，避免赤字，並與本地生產總值的增長率相適應。

第一百零八條 香港特別行政區實行獨立的稅收制度。

香港特別行政區參照原在香港實行的低稅政策，自行立法規定稅種、稅率、稅收寬免和其他稅務事項。

第一百零九條 香港特別行政區政府提供適當的經濟和法律環境，以保持香港的國際金融中心地位。

第一百一十條 香港特別行政區的貨幣金融制度由法律規定。

香港特別行政區政府自行制定貨幣金融政策，保障金融企業和金融市場的經營自由，並依法進行管理和監督。

第一百一十一條　港元為香港特別行政區法定貨幣，繼續流通。

港幣的發行權屬於香港特別行政區政府。港幣的發行須有百分之百的準備金。港幣的發行制度和準備金制度，由法律規定。

香港特別行政區政府，在確知港幣的發行基礎健全和發行安排符合保持港幣穩定的目的的條件下，可授權指定銀行根據法定權限發行或繼續發行港幣。

第一百一十二條　香港特別行政區不實行外匯管制政策。港幣自由兌換。繼續開放外匯、黃金、證券、期貨等市場。

香港特別行政區政府保障資金的流動和進出自由。

第一百一十三條　香港特別行政區的外匯基金，由香港特別行政區政府管理和支配，主要用於調節港元匯價。

第一百一十四條　香港特別行政區保持自由港地

位，除法律另有規定外，不徵收關稅。

第一百一十五條 香港特別行政區實行自由貿易政策，保障貨物、無形財產和資本的流動自由。

第一百一十六條 香港特別行政區為單獨的關稅地區。

香港特別行政區可以"中國香港"的名義參加《關稅和貿易總協定》、關於國際紡織品貿易安排等有關國際組織和國際貿易協定，包括優惠貿易安排。

香港特別行政區所取得的和以前取得仍繼續有效的出口配額、關稅優惠和達成的其他類似安排，全由香港特別行政區享有。

第一百一十七條 香港特別行政區根據當時的產地規則，可對產品簽發產地來源證。

第一百一十八條 香港特別行政區政府提供經濟和法律環境，鼓勵各項投資、技術進步並開發新興產業。

第一百一十九條 香港特別行政區政府制定適當政策，促進和協調製造業、商業、旅遊業、房地產業、運輸業、公用事業、服務性行業、漁農業等各行業的發展，並注意環境保護。

第二節　土地契約

第一百二十條　香港特別行政區成立以前已批出、決定、或續期的超越一九九七年六月三十日年期的所有土地契約和與土地契約有關的一切權利，均按香港特別行政區的法律繼續予以承認和保護。

第一百二十一條　從一九八五年五月二十七日至一九九七年六月三十日期間批出的，或原沒有續期權利而獲得續期的，超出一九九七年六月三十日年期而不超過二零四七年六月三十日的一切土地契約，承租人從一九九七年七月一日起不補地價，但需每年繳納相當於當日該土地應課差餉租值百分之三的租金。此後，隨應課差餉租值的改變而調整租金。

第一百二十二條　原舊批約地段、鄉村屋地、丁屋地和類似的農村土地，如該土地在一九八四年六月三十日的承租人，或在該日以後批出的丁屋地承租人，其父系為一八九八年在香港的原有鄉村居民，只要該土地的承租人仍為該人或其合法父系繼承人，原定租金維持不變。

第一百二十三條　香港特別行政區成立以後滿期而沒有續期權利的土地契約，由香港特別行政區自行制定法律和政策處理。

第三節　航運

第一百二十四條　香港特別行政區保持原在香港實行的航運經營和管理體制，包括有關海員的管理制度。

香港特別行政區政府自行規定在航運方面的具體

職能和責任。

第一百二十五條　香港特別行政區經中央人民政府授權繼續進行船舶登記，並根據香港特別行政區的法律以"中國香港"的名義頒發有關證件。

第一百二十六條　除外國軍用船隻進入香港特別行政區須經中央人民政府特別許可外，其他船舶可根據香港特別行政區法律進出其港口。

第一百二十七條　香港特別行政區的私營航運及與航運有關的企業和私營集裝箱碼頭，可繼續自由經營。

第四節　民用航空

第一百二十八條　香港特別行政區政府應提供條件和採取措施，以保持香港的國際和區域航空中心的地位。

第一百二十九條　香港特別行政區繼續實行原在香港實行的民用航空管理制度，並按中央人民政府關於飛機國籍標誌和登記標誌的規定，設置自己的飛機登記冊。

外國國家航空器進入香港特別行政區須經中央人民政府特別許可。

第一百三十條　香港特別行政區自行負責民用航空的日常業務和技術管理，包括機場管理，在香港特別行政區飛行情報區內提供空中交通服務，和履行國際民用航空組織的區域性航行規劃程序所規定的其他職責。

第一百三十一條　中央人民政府經同香港特別行政區政府磋商作出安排，為在香港特別行政區註冊並以香港為主要營業地的航空公司和中華人民共和國的其他航空公司，提供香港特別行政區和中華人民共和國其他地區之間的往返航班。

第一百三十二條　凡涉及中華人民共和國其他地區同其他國家和地區的往返並經停香港特別行政區的

航班，和涉及香港特別行政區同其他國家和地區的往返並經停中華人民共和國其他地區航班的民用航空運輸協定，由中央人民政府簽訂。

中央人民政府在簽訂本條第一款所指民用航空運輸協定時，應考慮香港特別行政區的特殊情況和經濟利益，並同香港特別行政區政府磋商。

中央人民政府在同外國政府商談有關本條第一款所指航班的安排時，香港特別行政區政府的代表可作為中華人民共和國政府代表團的成員參加。

第一百三十三條　香港特別行政區政府經中央人民政府具體授權可：

（一）續簽或修改原有的民用航空運輸協定和協議；

（二）談判簽訂新的民用航空運輸協定，為在香港特別行政區註冊並以香港為主要營業地的航空公司提供航線，以及過境和技術停降權利；

（三）同沒有簽訂民用航空運輸協定的外國或地區談判簽訂臨時協議。

不涉及往返、經停中國內地而只往返、經停香港的定期航班，均由本條所指的民用航空運輸協定或臨時協議予以規定。

第一百三十四條 中央人民政府授權香港特別行政區政府：

（一）同其他當局商談並簽訂有關執行本法第一百三十三條所指民用航空運輸協定和臨時協議的各項安排；

（二）對在香港特別行政區註冊並以香港為主要營業地的航空公司簽發執照；

（三）依照本法第一百三十三條所指民用航空運輸協定和臨時協議指定航空公司；

（四）對外國航空公司除往返、經停中國內地的航班以外的其他航班簽發許可證。

第一百三十五條 香港特別行政區成立前在香港註冊並以香港為主要營業地的航空公司和與民用航空有關的行業，可繼續經營。

第六章 教育、科學、文化、體育、宗教、勞工和社會服務

第一百三十六條 香港特別行政區政府在原有教育制度的基礎上,自行制定有關教育的發展和改進的政策,包括教育體制和管理、教學語言、經費分配、考試制度、學位制度和承認學歷等政策。

社會團體和私人可依法在香港特別行政區興辦各種教育事業。

第一百三十七條 各類院校均可保留其自主性並享有學術自由,可繼續從香港特別行政區以外招聘教職員和選用教材。宗教組織所辦的學校可繼續提供宗教教育,包括開設宗教課程。

學生享有選擇院校和在香港特別行政區以外求學的自由。

第一百三十八條 香港特別行政區政府自行制定發展中西醫藥和促進醫療衛生服務的政策。社會團體

和私人可依法提供各種醫療衛生服務。

第一百三十九條　香港特別行政區政府自行制定科學技術政策，以法律保護科學技術的研究成果、專利和發明創造。

香港特別行政區政府自行確定適用於香港的各類科學、技術標準和規格。

第一百四十條　香港特別行政區政府自行制定文化政策，以法律保護作者在文學藝術創作中所獲得的成果和合法權益。

第一百四十一條　香港特別行政區政府不限制宗教信仰自由，不干預宗教組織的內部事務，不限制與香港特別行政區法律沒有抵觸的宗教活動。

宗教組織依法享有財產的取得、使用、處置、繼承以及接受資助的權利。財產方面的原有權益仍予保持和保護。

宗教組織可按原有辦法繼續興辦宗教院校、其他學校、醫院和福利機構以及提供其他社會服務。

香港特別行政區的宗教組織和教徒可與其他地方

的宗教組織和教徒保持和發展關係。

第一百四十二條　香港特別行政區政府在保留原有的專業制度的基礎上，自行制定有關評審各種專業的執業資格的辦法。

在香港特別行政區成立前已取得專業和執業資格者，可依據有關規定和專業守則保留原有的資格。

香港特別行政區政府繼續承認在特別行政區成立前已承認的專業和專業團體，所承認的專業團體可自行審核和頒授專業資格。

香港特別行政區政府可根據社會發展需要並諮詢有關方面的意見，承認新的專業和專業團體。

第一百四十三條　香港特別行政區政府自行制定體育政策。民間體育團體可依法繼續存在和發展。

第一百四十四條　香港特別行政區政府保持原在香港實行的對教育、醫療衛生、文化、藝術、康樂、體育、社會福利、社會工作等方面的民間團體機構的資助政策。原在香港各資助機構任職的人員均可根據原有制度繼續受聘。

第一百四十五條　香港特別行政區政府在原有社會福利制度的基礎上，根據經濟條件和社會需要，自行制定其發展、改進的政策。

第一百四十六條　香港特別行政區從事社會服務的志願團體在不抵觸法律的情況下可自行決定其服務方式。

第一百四十七條　香港特別行政區自行制定有關勞工的法律和政策。

第一百四十八條　香港特別行政區的教育、科學、技術、文化、藝術、體育、專業、醫療衛生、勞工、社會福利、社會工作等方面的民間團體和宗教組織同內地相應的團體和組織的關係，應以互不隸屬、互不干涉和互相尊重的原則為基礎。

第一百四十九條　香港特別行政區的教育、科學、技術、文化、藝術、體育、專業、醫療衛生、勞工、社會福利、社會工作等方面的民間團體和宗教組織可同世界各國、各地區及國際的有關團體和組織保持和發展關係，各該團體和組織可根據需要冠用“中國香港”的名義，參與有關活動。

第七章　對外事務

第一百五十條　香港特別行政區政府的代表，可作為中華人民共和國政府代表團的成員，參加由中央人民政府進行的同香港特別行政區直接有關的外交談判。

第一百五十一條　香港特別行政區可在經濟、貿易、金融、航運、通訊、旅遊、文化、體育等領域以"中國香港"的名義，單獨地同世界各國、各地區及有關國際組織保持和發展關係，簽訂和履行有關協議。

第一百五十二條　對以國家為單位參加的、同香港特別行政區有關的、適當領域的國際組織和國際會議，香港特別行政區政府可派遣代表作為中華人民共和國代表團的成員或以中央人民政府和上述有關國際組織或國際會議允許的身份參加，並以"中國香港"的名義發表意見。

香港特別行政區可以"中國香港"的名義參加不

以國家為單位參加的國際組織和國際會議。

對中華人民共和國已參加而香港也以某種形式參加了的國際組織，中央人民政府將採取必要措施使香港特別行政區以適當形式繼續保持在這些組織中的地位。

對中華人民共和國尚未參加而香港已以某種形式參加的國際組織，中央人民政府將根據需要使香港特別行政區以適當形式繼續參加這些組織。

第一百五十三條 中華人民共和國締結的國際協議，中央人民政府可根據香港特別行政區的情況和需要，在徵詢香港特別行政區政府的意見後，決定是否適用於香港特別行政區。

中華人民共和國尚未參加但已適用於香港的國際協議仍可繼續適用。中央人民政府根據需要授權或協助香港特別行政區政府作出適當安排，使其他有關國際協議適用於香港特別行政區。

第一百五十四條 中央人民政府授權香港特別行政區政府依照法律給持有香港特別行政區永久性居民

身份證的中國公民簽發中華人民共和國香港特別行政區護照，給在香港特別行政區的其他合法居留者簽發中華人民共和國香港特別行政區的其他旅行證件。上述護照和證件，前往各國和各地區有效，並載明持有人有返回香港特別行政區的權利。

對世界各國或各地區的人入境、逗留和離境，香港特別行政區政府可實行出入境管制。

第一百五十五條　中央人民政府協助或授權香港特別行政區政府與各國或各地區締結互免簽證協議。

第一百五十六條　香港特別行政區可根據需要在外國設立官方或半官方的經濟和貿易機構，報中央人民政府備案。

第一百五十七條　外國在香港特別行政區設立領事機構或其他官方、半官方機構，須經中央人民政府批准。

已同中華人民共和國建立正式外交關係的國家在香港設立的領事機構和其他官方機構，可予保留。

尚未同中華人民共和國建立正式外交關係的國家

在香港設立的領事機構和其他官方機構，可根據情況允許保留或改為半官方機構。

尚未為中華人民共和國承認的國家，只能在香港特別行政區設立民間機構。

第八章　本法的解釋和修改

第一百五十八條　本法的解釋權屬於全國人民代表大會常務委員會。

全國人民代表大會常務委員會授權香港特別行政區法院在審理案件時對本法關於香港特別行政區自治範圍內的條款自行解釋。

香港特別行政區法院在審理案件時對本法的其他條款也可解釋。但如香港特別行政區法院在審理案件時需要對本法關於中央人民政府管理的事務或中央和香港特別行政區關係的條款進行解釋，而該條款的解釋又影響到案件的判決，在對該案件作出不可上訴的終局判決前，應由香港特別行政區終審法院請全國人民代表大會常務委員會對有關條款作出解釋。如全國人民代表大會常務委員會作出解釋，香港特別行政區法院在引用該條款時，應以全國人民代表大會常務委員會的解釋為準。但在此以前作出的判決不受影響。

全國人民代表大會常務委員會在對本法進行解釋前，徵詢其所屬的香港特別行政區基本法委員會的意見。

第一百五十九條 本法的修改權屬於全國人民代表大會。

本法的修改提案權屬於全國人民代表大會常務委員會、國務院和香港特別行政區。香港特別行政區的修改議案，須經香港特別行政區的全國人民代表大會代表三分之二多數、香港特別行政區立法會全體議員三分之二多數和香港特別行政區行政長官同意後，交由香港特別行政區出席全國人民代表大會的代表團向全國人民代表大會提出。

本法的修改議案在列入全國人民代表大會的議程前，先由香港特別行政區基本法委員會研究並提出意見。

本法的任何修改，均不得同中華人民共和國對香港既定的基本方針政策相抵觸。

第九章　附則

第一百六十條　香港特別行政區成立時，香港原有法律除由全國人民代表大會常務委員會宣佈為同本法抵觸者外，採用為香港特別行政區法律，如以後發現有的法律與本法抵觸，可依照本法規定的程序修改或停止生效。

在香港原有法律下有效的文件、證件、契約和權利義務，在不抵觸本法的前提下繼續有效，受香港特別行政區的承認和保護。

香港特別行政區行政長官的產生辦法

（1990 年 4 月 4 日第七屆全國人民代表大會第三次會議通過　2010 年 8 月 28 日第十一屆全國人民代表大會常務委員會第十六次會議批准修正　2021 年 3 月 30 日第十三屆全國人民代表大會常務委員會第二十七次會議修訂）

一、行政長官由一個具有廣泛代表性、符合香港特別行政區實際情況、體現社會整體利益的選舉委員會根據本法選出，由中央人民政府任命。

二、選舉委員會委員共 1500 人，由下列各界人士組成：

第一界別：工商、金融界 300 人

第二界別：專業界 300 人

第三界別：基層、勞工和宗教等界 300 人

第四界別：立法會議員、地區組織代表等界 300 人

第五界別：香港特別行政區全國人大代表、香港

特別行政區全國政協委員和有關全國性團體香港成員的代表界 300 人

選舉委員會委員必須由香港特別行政區永久性居民擔任。

選舉委員會每屆任期五年。

三、選舉委員會各個界別的劃分及名額如下：

第一界別設十八個界別分組：工業界（第一）（17 席）、工業界（第二）（17 席）、紡織及製衣界（17 席）、商界（第一）（17 席）、商界（第二）（17 席）、商界（第三）（17 席）、金融界（17 席）、金融服務界（17 席）、保險界（17 席）、地產及建造界（17 席）、航運交通界（17 席）、進出口界（17 席）、旅遊界（17 席）、酒店界（16 席）、飲食界（16 席）、批發及零售界（17 席）、香港僱主聯合會（15 席）、中小企業界（15 席）。

第二界別設十個界別分組：科技創新界（30 席）、工程界（30 席）、建築測量都市規劃及園境界（30 席）、會計界（30 席）、法律界（30 席）、教育界（30

席）、體育演藝文化及出版界（30席）、醫學及衛生服務界（30席）、中醫界（30席）、社會福利界（30席）。

第三界別設五個界別分組：漁農界（60席）、勞工界（60席）、基層社團（60席）、同鄉社團（60席）、宗教界（60席）。

第四界別設五個界別分組：立法會議員（90席）、鄉議局（27席）、港九分區委員會及地區撲滅罪行委員會、地區防火委員會委員的代表（76席）、"新界"分區委員會及地區撲滅罪行委員會、地區防火委員會委員的代表（80席）、內地港人團體的代表（27席）。

第五界別設兩個界別分組：香港特別行政區全國人大代表和香港特別行政區全國政協委員（190席）、有關全國性團體香港成員的代表（110席）。

四、選舉委員會以下列方式產生：

（一）香港特別行政區全國人大代表、香港特別行政區全國政協委員、全國人民代表大會常務委員會香港特別行政區基本法委員會香港委員、立法會議員、大學校長或者學校董事會或者校務委員會主席，以及工程界（15席）、建築測量都市規劃及園境界（15席）、教育界（5席）、醫學及衛生服務界（15席）、社會福利界（15席）等界別分組的法定機構、諮詢組織及相關團體負責人，是相應界別分組的選舉委員會委員。

除第五界別外，香港特別行政區全國人大代表和香港特別行政區全國政協委員也可以在其有密切聯繫的選舉委員會其他界別分組登記為委員。如果香港特別行政區全國人大代表或者香港特別行政區全國政協委員登記為選舉委員會其他界別分組的委員，則其計入相應界別分組的名額，該界別分組按照本款第三項規定產生的選舉委員會委員的名額相應減少。香港特別行政區全國人大代表和香港特別行政區全國政協委員登記為選舉委員會有關界別分組的委員後，在該屆選舉委員會任期內，根據上述規定確定的選舉委員會各界別分組按照本款第一、二、三項規定產生的委員的名額維持不變。

（二）宗教界界別分組的選舉委員會委員由提名產生；科技創新界界別分組的部分委員（15 席）在中國科學院、中國工程院香港院士中提名產生；會計界界別分組的部分委員（15 席）在國家財政部聘任的香港會計諮詢專家中提名產生；法律界界別分組的部分委員（9 席）在中國法學會香港理事中提名產生；體育演藝文化及出版界界別分組的部分委員（15 席）由中國香港體育協會暨奧林匹克委員會、中國文學藝術界聯合會香港會員總會和香港出版總會分別提名產生；中醫界界別分組的部分委員（15 席）在世界中醫藥學會聯合會香港理事中提名產生；內地港人團體的代表界別分組的委員（27 席）由各內地港人團體提名產生。

（三）除本款第一、二項規定的選舉委員會委員外，其他委員由相應界別分組的合資格團體選民選出。各界別分組的合資格團體選民由法律規定的具有代表性的機構、組織、團體或企業構成。除香港特別行政區選舉法列明者外，有關團體和企業須獲得其所在界別分組相應資格後持續運作三年以上方可成為該界別分組選民。第四界別的鄉議局、港九分區委員會及地區撲滅罪行委員會、地區防火委員會委員的代表、"新界"分區委員會及地區撲滅罪行委員會、地區防火委員會委員的代表和第五界別的有關全國性團體香港成員的代表等界別分組的選舉委員會委員，可由個人選民選出。選舉委員會委員候選人須獲得其所在界別分組 5 個選民的提名。每個選民可提名不超過其所在界別分組選舉委員會委員名額的候選人。選舉委員會各界別分組選民根據提名的名單，以無記名投票選舉產生該界別分組的選舉委員會委員。

上款規定涉及的選舉委員會委員的具體產生辦法，包括有關界別分組的法定機構、諮詢組織、相關團體和合資格團體選民的界定、候選人提名辦法、投票辦法等，由香港特別行政區以選舉法規定。

五、選舉委員會設召集人制度，負責必要時召集選舉委員會會議，辦理有關事宜。總召集人由擔任國家領導職務的選舉委員會委員擔任，總召集人在選舉委員會每個界別各指定若干名召集人。

六、行政長官候選人須獲得不少於 188 名選舉委員會委員的提名，且上述五個界別中每個界別參與提名的委員須不少於 15 名。每名選舉委員會委員只可提出一名候選人。

七、選舉委員會根據提名的名單，經一人一票無記名投票選出行政長官候任人，行政長官候任人須獲得超過 750 票。具體選舉辦法由香港特別行政區以選舉法規定。

八、香港特別行政區候選人資格審查委員會負責審查並確認選舉委員會委員候選人和行政長官候選人的資格。香港特別行政區維護國家安全委員會根據香港特別行政區政府警務處維護國家安全部門的審查情況，就選舉委員會委員候選人和行政長官候選人是否符合擁護中華人民共和國香港特別行政區基本法、效忠中華人民共和國香港特別行政區的法定要求和條件作出判斷，並就不符合上述法定要求和條件者向香港特別行政區候選人資格審查委員會出具審查意見書。

對香港特別行政區候選人資格審查委員會根據香港特別行政區維護國家安全委員會的審查意見書作出的選舉委員會委員候選人和行政長官候選人資格確認的決定，不得提起訴訟。

九、香港特別行政區應當採取措施，依法規管操縱、破壞選舉的行為。

十、全國人民代表大會常務委員會依法行使本辦法的修改權。全國人民代表大會常務委員會作出修改前，以適當形式聽取香港社會各界意見。

十一、依據本辦法產生的選舉委員會任期開始時，依據原辦法產生的選舉委員會任期即告終止。

十二、本辦法自 2021 年 3 月 31 日起施行。原附件一及有關修正案不再施行。

附件二

香港特別行政區立法會的產生辦法和表決程序

（1990 年 4 月 4 日第七屆全國人民代表大會第三次會議通過　2010 年 8 月 28 日第十一屆全國人民代表大會常務委員會第十六次會議備案修正　2021 年 3 月 30 日第十三屆全國人民代表大會常務委員會第二十七次會議修訂）

　　一、香港特別行政區立法會議員每屆 90 人，組成如下：

　　選舉委員會選舉的議員 40 人

　　功能團體選舉的議員 30 人

　　分區直接選舉的議員 20 人

　　上述選舉委員會即本法附件一規定的選舉委員會。

　　二、選舉委員會選舉的議員候選人須獲得不少於 10 名、不多於 20 名選舉委員會委員的提名，且每個界別參與提名的委員不少於 2 名、不多於 4 名。任何合資格選民均可被提名為候選人。每名選舉委員會委員只可提出一名候選人。

選舉委員會根據提名的名單進行無記名投票，每一選票所選的人數等於應選議員名額的有效，得票多的 40 名候選人當選。

三、功能團體選舉設以下二十八個界別：漁農界、鄉議局、工業界（第一）、工業界（第二）、紡織及製衣界、商界（第一）、商界（第二）、商界（第三）、金融界、金融服務界、保險界、地產及建造界、航運交通界、進出口界、旅遊界、飲食界、批發及零售界、科技創新界、工程界、建築測量都市規劃及園境界、會計界、法律界、教育界、體育演藝文化及出版界、醫療衛生界、社會福利界、勞工界、香港特別行政區全國人大代表香港特別行政區全國政協委員及有關全國性團體代表界。其中，勞工界選舉產生三名議員，其他界別各選舉產生一名議員。

鄉議局、工程界、建築測量都市規劃及園境界、會計界、法律界、教育界、醫療衛生界、社會福利界、香港特別行政區全國人大代表香港特別行政區全國政協委員及有關全國性團體代表界等界別的議員，由個人選民選出。其他界別的議員由合資格團體選民選舉產生，各界別的合資格團體選民由法律規定的具有代表性的機構、組織、團體或企業構成。除香港特別行政區選舉法列明者外，有關團體和企業須獲得其所在界別相應資格後持續運作三年以上方可成為該界別選民。

候選人須獲得所在界別不少於 10 個、不多於 20 個選民和選舉委員會每個界別不少於 2 名、不多於 4 名委員的提名。每名選舉委員會委員在功能團體選舉中只可提出一名候選人。

各界別選民根據提名的名單，以無記名投票選舉產生該界別立法會議員。

各界別有關法定團體的劃分、合資格團體選民的界定、選舉辦法由香港特別行政區以選舉法規定。

四、分區直接選舉設立十個選區，每個選區選舉產生兩名議員。

候選人須獲得所在選區不少於 100 個、不多於 200 個選民和選舉委員會每個界別不少於 2 名、不多於 4 名委員的提名。每名選舉委員會委員在分區直接選舉中只可提出一名候選人。

選民根據提名的名單以無記名投票選擇一名候選人，得票多的兩名候選人當選。

選區劃分、投票辦法由香港特別行政區以選舉法規定。

五、香港特別行政區候選人資格審查委員會負責審查並確認立法會議員候選人的資格。香港特別行政區維護國家安全委員會根據香港特別行政區政府警務處維護國家安全部門的審查情況，就立法會議員候選人是否符合擁護中華人民共和國香港特別行政區基本法、效忠中華人民共和國香港特別行政區的法定要求和條件作出判斷，並就不符合上述法定要求和條件者向香港特別行政區候選人資格審查委員會出具審查意見書。

對香港特別行政區候選人資格審查委員會根據香

港特別行政區維護國家安全委員會的審查意見書作出的立法會議員候選人資格確認的決定，不得提起訴訟。

六、香港特別行政區應當採取措施，依法規管操縱、破壞選舉的行為。

七、除本法另有規定外，香港特別行政區立法會對法案和議案的表決採取下列程序：

政府提出的法案，如獲得出席會議的全體議員的過半數票，即為通過。

立法會議員個人提出的議案、法案和對政府法案的修正案均須分別經選舉委員會選舉產生的議員和功能團體選舉、分區直接選舉產生的議員兩部分出席會議議員各過半數通過。

八、全國人民代表大會常務委員會依法行使本辦法和法案、議案的表決程序的修改權。全國人民代表大會常務委員會作出修改前，以適當形式聽取香港社會各界意見。

九、本辦法和法案、議案的表決程序自 2021 年 3 月 31 日起施行。原附件二及有關修正案不再施行。

附件三

在香港特別行政區實施的全國性法律

　　下列全國性法律，自一九九七年七月一日起由香港特別行政區在當地公佈或立法實施。

　　一、《關於中華人民共和國國都、紀年、國歌、國旗的決議》

　　二、《關於中華人民共和國國慶日的決議》

　　三、《中華人民共和國政府關於領海的聲明》

　　四、《中華人民共和國國籍法》

　　五、《中華人民共和國外交特權與豁免條例》

　　六、《中華人民共和國國旗法》(1997 年 7 月 1 日增加)

　　七、《中華人民共和國領事特權與豁免條例》（1997 年 7 月 1 日增加）

　　八、《中華人民共和國國徽法》（1997 年 7 月 1 日增加）

九、《中華人民共和國領海及毗連區法》（1997 年 7 月 1 日增加）

十、《中華人民共和國香港特別行政區駐軍法》（1997 年 7 月 1 日增加）

十一、《中華人民共和國專屬經濟區和大陸架法》（1998 年 11 月 4 日增加）

十二、《中華人民共和國外國中央銀行財產司法強制措施豁免法》（2005 年 10 月 27 日增加）

十三、《中華人民共和國國歌法》（2017 年 11 月 4 日增加）

十四、《中華人民共和國香港特別行政區維護國家安全法》（2020 年 6 月 30 日增加）

香港特別行政區區旗圖案

香港特別行政區區徽圖案